日本語
ライブラリー

中国語と日本語

沖森卓也　蘇　　紅
[編著]

相原　茂　曹　泰和

顧　令儀　今井俊彦

加藤晴子　三宅登之

張　　勤
[著]

朝倉書店

編著者

沖森卓也 （おきもりたくや）	立教大学文学部	（17章，コラム⑦）
蘇　紅 （そ　こう）	國學院大學文学部	（10・11章，コラム③〜⑥・⑧・⑨）

著　者

相原　茂 （あいはらしげる）	中国語コミュニケーション協会	（9・16章）
曹　泰和 （そうたいわ）	お茶の水女子大学外国語教育センター	（3・4章）
顧　令儀 （これいぎ）	愛知県立大学多言語学習センター	（12・13章）
今井俊彦 （いまいとしひこ）	防衛大学校総合教育学群	（14・15章）
加藤晴子 （かとうはるこ）	東京外国語大学大学院総合国際学研究院	（1・2章，コラム①・②）
三宅登之 （みやけたかゆき）	東京外国語大学大学院総合国際学研究院	（5・6章）
張　勤 （ちょうきん）	中京大学国際教養学部	（7・8章）

（ローマ字・ピン音表記によるアルファベット順）

まえがき

　中国の皇帝が周辺諸国の君主と名目的な君臣関係を結ぶことを冊封といい，その冊封体制は東アジア諸国にさまざまな文化・思想などをもたらしました．それらの受容・発展は漢字漢文の導入を通して行われたので，その冊封体制にかかわる地域はそのまま漢字文化圏とも呼ばれることになりました．中国・朝鮮・日本・ベトナムなどがこれにあたります．なかでも，中国と日本は今日でも漢字を多用し，その歴史的な結びつきは密接，かつ強固です．このような，漢字の使用という文字表記だけにとどまらず，中国語の語彙が日本語でも漢語として用いられ，また，日本語の語彙が中国語に借用されるなど語彙の面でも共通性があります．

　一方，言語類型論において中国語が孤立語，日本語が膠着語に分類されてきたことは，この両者には多くの相違点があることをも示しています．それは，孤立語とか膠着語とか（および屈折語・抱合語）という名称でも明らかなように，主に文法的特徴からとらえられたものです．言語の性質が異なるというのは言語の系統からも言われることで，中国語はシナ・チベット語族シナ・タイ語派（語派の分類には諸説あります）であるのに対して，日本語の系統は不明です．アウストロネシア語族，アルタイ諸語など，系統の異なる言語が非常に複雑に入り混じって形成されてきたと見られ，一つの語族に特定することはできないのです．

　このように，中国語と日本語とは，言語の性質が異なり，甚だしく乖離している反面，歴史的に大きな影響を被るという密接な関係にあるという二面性を有しているのです．本書は，言語の構造や運用など，さまざまな面から相互の姿を照らし合わせて，両国語の関係を凝視し熟考するために編集しました．グローバル化する国際社会における将来に向け，互いに相違する点を認識するとともに，共通する点をも確認することで，さらなる相互理解が深められることを心から願っています．

　　　2014年4月

編　著　者

目　　次

1. **代名詞（代词）**……………………………………………【加藤晴子】　1
   基本的性質　1／中国語の人称代词と日本語の人称代名詞の違い　2／情報の共有・非共有と代名詞の選択　4／指示代詞の体系と対応　4／疑问代詞の非疑問用法　7

2. **動詞・形容詞**……………………………………………【加藤晴子】　11
   基本的性質　11／中国語の動詞・形容詞　11／自動詞と他動詞　13／動詞の時間的捉え方による分類　14／中国語の動詞＋結果補語・方向補語に対応する日本語　15／中国語の動詞・形容詞と日本語の動詞・形容詞の違い　16／動詞・形容詞的表現と名詞的表現　17

3. **副　　詞**……………………………………………………【曹　泰和】　21
   はじめに　21／程度副詞　21／範囲副詞　24／時間副詞　26／語気副詞（評価副詞）　27

4. **数　量　詞**…………………………………………………【曹　泰和】　29
   はじめに　29／数詞　29／量詞　32／数量詞の重ね型　36

5. **主語・述語**…………………………………………………【三宅登之】　38
   文法成分としての主語と述語　38／主語の類型　39／主語と主題　40／主語・述語のない文　43

6. **テンスとアスペクト**………………………………………【三宅登之】　45
   テンス　45／アスペクト　46／まとめ　52

7. **態〈ヴォイス〉**……………………………………………【張　　勤】　54
   はじめに　54／受動表現——"被动式""被动句"　54／使役表現——"使动式""使动句"　58／授受表現　59

8. 文のモダリティ……………………………………………【張　　勤】63
　モダリティとは　63／対事的モダリティ　65／対人的モダリティ　68／日中両国語の比較についての補足　70

9. 比　較　文………………………………………………【相原　茂】71
　はじめに　71／比較文のタイプ　71／比較文と副詞　72／二つの否定——"不比"型と"没有"型　74

10. 共　　起…………………………………………………【蘇　　紅】78
　「共起」とは　79／語彙的な共起　79／文法的な共起　83

11. 敬　　語…………………………………………………【蘇　　紅】87
　はじめに　87／呼称に関わる敬語表現　87／語の言い換えによる敬語表現　90／接辞をつける敬語表現　92／構文的手段による敬語表現　93／おわりに　93

12. 日中同形語………………………………………………【顧　令儀】95
　日中同形語の定義　95／語の意味　95／語義的意味から見た日中同形語　96

13. 親族語彙…………………………………………………【顧　令儀】105
　対応しない日中親族語彙　105／文化的な違い　108／言及する立場の違い　110／社会的使い方の違い　111

14. 擬音語・擬態語…………………………………………【今井俊彦】114
　オノマトペ　114／中国語オノマトペの形式分類　116／中国語オノマトペの使い方　119／オノマトペの訳し方　119

15. ことわざ・慣用句………………………………………【今井俊彦】122
　"慣用语"　122／"成语"　123／"谚语"　125／"歇后语"　128

16. 中国の「諧音」文化……………………………………【相原　茂】130
　中国語達人の条件　130／"歇后语"の使い方　131／最近の語呂合わせ　132／おわりに　138

17. 漢　　字…………………………………………………【沖森卓也】139
　　日中における漢字の出現度数　139／日中における漢字のカバー率　140／新字体と簡体字　142
付表（1. 新字体の源流, 2. 簡体字の源流）　147

日本語索引　149
中国語索引　151

コラム①　動作とそれに関わる事物との関係　　【加藤晴子】　9
コラム②　中国語の「動詞＋補語」と日本語の複合動詞　　【加藤晴子】　19
コラム③　中国における動物のイメージ（1）　　【蘇　　紅】　28
コラム④　中国における動物のイメージ（2）　　【蘇　　紅】　44
コラム⑤　中国における動物のイメージ（3）　　【蘇　　紅】　53
コラム⑥　超常搭配　　【蘇　　紅】　61
コラム⑦　日中語彙小史　　【沖森卓也】　103
コラム⑧　円周率の数字による語呂合わせ（1）　　【蘇　　紅】　129
コラム⑨　円周率の数字による語呂合わせ（2）　　【蘇　　紅】　138

1 代名詞（代词）

1.1 基本的性質

中国語文法では，"代名詞"という用語はあまり使われず，"代词"という品詞を立て，多くの場合，"人称代词"，"指示代词"，"疑问代词"の三つに分ける．"代词"の"代"は「身代わり」の「代」であり，ほかの語句に代わってその語句がもともと指していたものを指す働きをするが，もとの語句は名詞とは限らず，動詞・形容詞・数詞・副詞などの代わりにもなるので，"代名詞"ではなく"代词"なのである．

一方，日本語文法では，「代名詞」は文字通り名詞を指す働きをするもので，人を指すものか，事物・場所・方角を指すものに限られる．このため，いわゆる「こそあど」ことばのうち，「この・そんな・ああ」などは，連体詞や副詞など別の品詞とされるが，形式の統一性や指示の働きの共通性を捉え，まとめて「指示詞」と呼ぶ場合もある[注1]．

以下，本章では，中国語との対照の便を考えて，中国語の用語「代词」を使い，取り扱う範囲も中国語の"代词"の範囲として，名詞以外のものに代わるものも含めながら見ていくことにする．

このような考えに基づいて，中国語の体系に沿って代词を整理して示すと表1.1のようになる（朱（1982）をもとに作成）．

表1.1 中国語の代词

		疑问代词
		什么〈なに〉
人称代词	我〈私〉，他们〈彼ら〉，自己〈自分〉 など	谁〈だれ〉
指示代词	这〈これ〉，那儿〈そこ〉，那样〈ああ〉 など	哪〈どれ〉，哪里〈どこ〉，怎么样〈どんな〉 など

(注1) 日本語文法でも，時枝誠記の学説では，「この・こんな」などを連体詞的代名詞，「こう・こんなに」などを副詞的代名詞と呼び，名詞的代名詞と合わせて「代名詞」と定義している．

1.2 中国語の人称代詞と日本語の人称代名詞の違い

中国語の人称代詞は種類が少なく,固定的に使用される.表1.2のように整理できる.

表 1.2 中国語の人称代詞

	単数	複数
一人称	我〈わたし〉	我们,咱们〈わたしたち〉
二人称	你,您〈あなた〉	你们〈あなたたち〉
三人称	他〈彼〉,她〈彼女〉	他们〈彼ら〉,她们〈彼女ら〉
	它〈それ〉	它们〈それら〉
その他	自己〈自分〉,別人〈他人〉,人家〈ひと〉,大家〈皆〉	

上記のうち,一人称複数の"咱们"は聞き手も含む時に使う."我们"は聞き手を含む時にも含まない時にもどちらにも使える.二人称の"您"は丁寧な言い方である.三人称は,口頭では区別がつかない."它","它们"は人間を指さないので,厳密には人称代詞とは言えないが,男性,女性ともともと同じ語なので,ここに含めるのが合理的である.なお,聞き手の知らないものは"它","它们"でなく"这/那","这些/那些"で指す.

　　这是他来的信。　　〈これは彼からの手紙です.〉
　　那是新盖的楼。　　〈あれは新しい建物です.〉
　　这些都是国产的。　〈これらは国産です.〉
　　那些都不是我们的。〈それらは我々のものではありません.〉

中国語の人称代詞が連体修飾語になるとき,"的"をつける場合とつけない場合とがある.
　① 所有者を表すならば,普通"的"をつける.
　　　我的词典〈私の辞典〉,他们的房间〈彼らの部屋〉
　② 親族・所属機関を表すならば,基本的には"的"をつけない.
　　　我妈妈〈私の母〉,你们学校〈あなたたちの学校〉

一方,日本語の人称代名詞は,上のような簡潔な表にまとめることはむずかしい.特に,一人称・二人称において,話し手・書き手の属性や聞き手・読み手との関係,さらには場面によって,さまざまな人称代名詞が使い分けられるからである.一人称では「わたし・わたくし・あたし・わし・ぼく・俺」,二人称では「あ

なた・あんた・君・おまえ」などとなる.

このように，人称代名詞（人称代词）の種類では，中国語より日本語のほうが圧倒的に多いのであるが，使う頻度は中国語のほうがずっと高い．日本語の人称代名詞は，時として翻訳調である印象を与えたり，また，目上の人間を直接指すのは失礼であると考えられたりなどするので，日本語の通常の使用では，あまり人称代名詞を使わない．人称代名詞を使わずに，親族名や身分を表す語を使うか，何も使わず省略する(注2)．それは主語や目的語の位置に立つ時，および，所有・所属関係を表す連体修飾語になる時のいずれにおいても観察される．例えば，次の中国語の会話はきわめて自然であるが，それをそのまま日本語にしたものは，かなり不自然である．

① 你爸爸在家吗？　　〈？あなたのお父さんはいらっしゃいますか？〉
　不在。他出去了。　〈？いません．彼は出かけています．〉
② 你找谁？　　　　　〈？あなたはどなたを訪ねますか？〉
　我找李老师。　　　〈？私は李先生を訪ねます．〉(注3)

ところで，日本語で主語のみならず，目的語や連体修飾語などがたびたび省略されるにもかかわらず，誰を指しているか曖昧にならないのは，日本語に次のような言語的要因があるからである．

① 敬語の体系がある
　・主語・目的語を省略　「明日はいらっしゃいますか？」［明天您来吗？］
　・連体修飾語を省略　　「父」［我父亲］「お父様」［您父亲］
　　　　　　　　　　　　「お名前」［你的名字］
② 感情や感覚を表す動詞・形容詞の主語に人称制限がある（→第2章）
　・主語を省略　「楽しそう．」［他很高兴的样子。］
　　　　　　　　「知りたい．」［我很想知道。］
③ 授受を表す動詞に人称による違いがある
　・主語・目的語を省略　「あげる」［我给你］「くれる」［你给我］
　・連体修飾語を省略　　「名刺を差し上げる」［给您我的名片］
　　　　　　　　　　　　「名刺をいただく」［要您的名片］

(注2)　中国語でも，その場にいる人を"他/她"で指すことは礼を失すると考えられるため，親族名や身分を表す語を使うのは同様であるが，省略はほとんどされない．
(注3)　この日本語の不自然さは，人称代名詞の使用の他に，「訪ねますか」より「お訪ねですか」のような名詞的表現のほうが日本語らしい（→第2章）などの要因もある．

④ 受身の形式を使う
　　・主語・目的語を省略　「先生にほめられた．」［老师表扬了我。］
　　・連体修飾語を省略　　「名前を呼ばれた．」［有人叫了我的名字。］
⑤ 前の主語が後ろに引き継がれる
　　・主語・目的語を省略
　　　　「太郎はさっき出会った人と向かい合って座った．」
　　　　［太郎坐到他先前碰到的那个人的对面。］
　　　　〈太郎は彼がさっき出会ったその人の向かいに座った．〉
　　・連体修飾語を省略
　　　　「少女が〔中略〕出てきた．帽子をかぶると目が隠れるほどだった．」
　　　　［小姑娘〔中略〕走出队列，戴上帽子，帽子刚好遮住她的眼睛。］
　　　　〈〔前略〕帽子をかぶると帽子はちょうど彼女の目を隠した．〉

1.3　情報の共有非共有と代名詞の選択

　日本語では，人称代名詞を回避するもう一つの手段として，指示代名詞と名詞を組み合わせたものが使われることがある．「この方，その人，あいつ」などである．中国語では"这位"，"那个人"などがこれに対応するが，これらと「彼」"他"との使い分けには違いがある．
　　我有一个做医生的朋友，叫山田。〈僕の友人に山田という医者がいる．〉
　　他结婚了没有？〈彼は結婚していますか？→その人は結婚していますか？〉
　中国語の"他"は，先行文脈で導入された対象であれば，話し手・聞き手のどちらかがその人物を知らなくとも使用が可能であるが，日本語の「彼」は，その人物も現場にいる時，または，話し手・聞き手がともにその人物を知っていて共有知識である時のみ使用することができ，そうでない場合は「その人」などを使う．

1.4　指示代词の体系と対応

　中国語における指示代词は表1.3の通りである．
　中国語の指示代词が連体修飾語になるとき，次のように"的"を付けるものと，付けてはいけないものがある(注4)．

(注4)　"这么/那么"は数量詞をつけて連体修飾語になる．"这么一个东西"〈こんなもの〉，"那么一句话"〈あんなことば〉．

表 1.3 中国語の指示代詞と疑問代詞

	近称	遠称	対応する疑問代詞
もの	这（＋量詞）〈これ〉	那（＋量詞）〈あれ〉	哪（＋量詞）〈どれ〉
場所	这儿，这里〈ここ〉	那儿，那里〈あそこ〉	哪儿，哪里〈どこ〉
方向	这边儿〈こちら〉	那边儿〈あちら〉	哪边儿〈どちら〉
性質・様態	这么，这样〈こんな/こう〉	那么，那样〈あんな/ああ〉	怎么，怎（么）样〈どんな/どう〉

* 日本語訳は「こ」と「あ」で代表させているが，後に述べるように「そ」も含め，この通りには対応しない．
** 量詞が"个"以外のもの，および，"～边儿"は，1語とはみなさない場合もある．

① 一般的に"的"をつけるもの
　这儿的人　〈ここの人〉
　那样的东西　〈あのようなもの〉
② "的"をつけてはいけないもの
　这个人　〈この人〉
　那本书　〈あの本〉

中国語は近いか遠いかの二系統で，日本語はこれに中称を加えた三系統（こ・そ・あ）である．両者の対応関係は，通常，ある場面・現場でその場にある特定の事物を指し示す現場指示と，ある文脈で前に登場した特定の物事を指し示す文脈指示に分けて考えられる．

現場指示の場合，中国語では，基本的には，話し手に近ければ"这"，遠ければ"那"を使うが，聞き手の領域は話し手によって取り込まれ同一視される傾向が強いという．

　（話し手が自分の手に持ったものを指して）　这是什么？〈これは何だい？〉
　（近くの聞き手が手に持ったものを指して）　这是什么？〈それは何なの？〉
　（話し手・聞き手双方から遠いものを指して）　那是什么？〈あれは何かな？〉

一方で，話し手と聞き手の物理的・心理的距離が遠いなどの場合，"你"とともに"那"を使い，"你那"などで指す．

　你那只手怎么啦？　〈君のその手はどうしたの？〉

日本語では，基本的には，話し手に近ければ「こ」，聞き手に近ければ「そ」，どちらか一方の側に属するのではなく，かつ共通して了解できる領域にあれば「あ」を使う．

文脈指示の場合，中国語では，基本的には"这"を使うが，独り言や個人的回想の場合は"那"を使うこともある．

　　将来当一个文学家，这是我的愿望．
　　　〈将来は文学者になる，これがわたしの夢です．〉
　　那是五年前的事．〈あれは5年前のことだ．〉

日本語では，基本的には「そ」を使うが，話し手と聞き手がいる場合，話し手か聞き手のどちらかのみが知っているものは「そ」で，両者がともに知っているものは「あ」で指し，また，文章やまとまった長さの談話では「こ」を使うこともある．また，独り言や個人的回想の場合は「あ」を使うこともある．

このほか，中国語，日本語いずれの指示代名詞も，時間的指示に転用される場合があり，その場合は，現在に「こ」，"这"，過去と未来に「そ」，"那"を使うのが基本である．

　　这会儿她在做什么呢？　〈今頃彼女は何をしているだろうね．〉
　　那时我们俩都还年轻．　〈あの時はふたりともまだ若かった．〉
　　到那时不要后悔．　　　〈その時になって後悔しないようにね．〉

このような，中国語と日本語の指示代名詞の対応を示すと表1.4のようになる．

表1.4　中日の指示代名詞の対応

	話し手に近い		聞き手に近い		どちらにも遠い
現場指示	这		这（那）		那
	こ		そ		あ
文脈指示	基本（文章など）	非共有情報		共有情報	独り言・回想
	这				那
	そ（こ）	そ		あ	あ
時間的指示	過去		現在		未来
	那		这		那
	そ（あ）		こ		そ

大雑把にまとめれば，中国語では話し手が自分中心の表現をし，日本語では話し手が聞き手との関係に気を使った表現をするという傾向が見られる．

以上のほかに，心理的距離や，提示されたばかりかどうか，複数の対象物の指し分けなど，複数の要因が絡まってどれを使うかが決定される．

1.5　疑问代词の非疑問用法

日本語では，尋ねたい語句の代わりに使う語，「いつ」「だれ」「どこ」「なに」は代名詞とされるが，「どの」「どんな」「なぜ」「どう」「どうして」，「いくつ」「いくら」「何人」などは，連体詞・副詞・数詞など別の品詞とされる．本章では，ほかの語句に代わってそれを尋ねるという働きが共通であることと，中国語との対照の便のために，これらをまとめて疑問代名詞とする．

中国語の疑問代詞は表1.5の通りである．

表1.5　中国語の疑问代词

		指示代詞に対応するもの
人	谁〈だれ〉	
もの	什么〈なに〉	哪（＋量詞）〈どれ〉
場所	什么地方〈どこ〉	哪儿，哪里〈どこ〉
方向		哪边儿〈どちら〉
時	什么时候〈いつ〉	
数量	几，多少〈いくつ〉	
様態		怎么，怎么样〈どんな，どう〉
原因	为什么〈なぜ〉	

中国語の疑問代詞は疑問を表す以外に，次のような使い方がある．

① 任意指示……対象とする範囲の全体を指す．中国語では"都""也"と呼応し，日本語では「も・でも」がつく．

　　誰都知道。　　〈だれでも知っている．〉

　　什么也不想吃。〈なにも食べたくない．〉

② 前後の呼応……任意指示の疑問代名詞を二度繰り返す．日本語にはない使い方．

　　有什么吃什么。〈あるものなんでも食べる．〉

　　要多少给多少。〈いくつでも欲しいだけあげる．〉

③ 不定指示……対象とする範囲の中の一つ，または，一部を指す．中国語では特に決まった形式は取らず，日本語では「か」などがつく．

我想吃点儿什么。　〈なにかちょっと食べたい.〉
　　　在哪儿见过。　　　〈どこかで会ったことがある.〉
④ 反語文……日本語にもある使い方だが，中国語では疑問文とほぼ同じ形式
　で使われる．
　　　谁知道？　　　〈だれが知るものか.〉
　　　你知道什么？　〈おまえになにがわかるのか.〉
　　　哪儿有钱？　　〈どこに金があるものか.〉

［加藤晴子］

発展的課題

1. 日本語の小説が中国語に翻訳されているものから一部を選び，人称代名詞や人を指す指示代名詞＋名詞，および，名詞の現れ方を中国語訳文と比べてみよう．さらに，地の文か会話文か，主語・目的語か連体修飾語か，目上の人物を指すか否かで，それぞれ違いがあるかどうか，検討してみよう．

2. 中国語の小説の一部を選び，"这～"が"那～"に，"那～"が"这～"に置き換え可能かどうか，可能な場合は，何か違いがあるかどうか，検討してみよう．

【参考文献】
木村英樹（1992）「中国語指示詞の「遠近」対立について―「コソア」との対照を兼ねて」（大河内康編『日本語と中国語の対照研究論文集（上）』pp. 181-211，くろしお出版）．
金水　敏・木村英樹・田窪行則（1989）『日本語文法セルフマスターシリーズ4　指示詞』，くろしお出版．
讚井唯允（1988）「中国語指示代名詞の語用論的再検討」『人文学報』198，1-19．
日本語教育学会編（1987）『日本語教育事典　縮刷版』大修館書店．

朱徳熙（1982）『语法讲义』商务印书馆．

■ コラム① 　　動作とそれに関わる事物との関係

　動詞の表す動作とそれに関わる事物との関係は格関係とも呼ばれる．中国語においては，語順および前置詞によって表され，日本語においては，主に格助詞によって表される．どちらも，動作と事物の関係に一対一では対応しないので，ここでは，次のように，動作と事物の関係を軸に日本語と中国語のそれぞれの表し方を，主要なものに限って対照してみる．なお，動作と事物との関係は多岐に渡るので，すべてを網羅しているわけではない．
（格関係をいう場合は，他に所有格が取り上げられるが，動作との関係を表すものではないのでここには挙げない．）

	関係	助詞	例	動詞との語順	前置詞使用
A.	動作主〈主格〉	「が」	彼が来た	他来了	
		「は」	私は医者だ	我是医生	
		「から」	私から紹介する		由我介绍
		「に」	人に知られる		被人知道
		「に」	私に行かせる		让我去
B.	被動者〈対格〉	「を」	酒を飲む	喝酒	
		「を」	酒を飲み尽くした		把酒喝光了
		「が」	彼の文章が好きだ	喜欢他的文章	
C.	対象〈与格〉	「に」	私に教える	告诉我	
			彼に手紙を書く		给他写信
			彼に言う		对他说
	〈奪格〉	「から」	彼から借りる		跟他借
D.	共同者	「と」	彼女と結婚する		跟她结婚
E.	場所	「で」	教室で勉強する		在教室里学习
		「を」	道を横切る	过马路	
		「へ」	上海へ行く	去上海	
			東へ歩く		往东走
		「に」	北京に着く	到北京	
		「から」	学校から帰る		从学校回来
F.	道具	「で」	毛筆で書く		用毛笔写
G.	原因	「で」	病気で休む		因病休息

中国語では、被動者以外に、動作に対してさまざまな関係を結ぶものが目的語になりうる。また、同じ関係を表すのに、前置詞を使った表し方が併存する場合もある。動作主（A）でも、受身や使役の動作主は、日本語では「に」で、中国語では受身を表す前置詞および使役動詞（→第7章）を使うことで示される。動作の被動者（B）を示すのに前置詞"把"を使う場合には、その被動者（上の例では"酒"）は、その場にあったり、すでに話題となっていたりするなど、特定されるものでなければならず、動詞も単独ではなく、何らかの付加成分（上の例では結果補語"光"）を伴うものでなければならない。動作の向かう対象（C）を示す事物を直接目的語に取れる中国語の動詞は数が限られ、そのような動詞は二重目的語を持つ文を構成することができる。

動作にかかわる場所（E）を表す目的語は、中国語でも日本語でも他動詞の判定には使われず、中国語では、「準目的語」に分類される。ほかに、出来事の主体を表す目的語も「準目的語」とされる。あわせて次にまとめておく。これらに対して、ほかの目的語を「真目的語」と呼ぶことがある。

E. 場所を表す目的語　　去上海　〈上海へ行く〉
H. 出来事の主体を表す目的語
　　存在，出現・消滅　　躺着一个小孩儿　〈子供が1人横になっている〉
　　　　　　　　　　　　来了一个人　〈人が1人来た〉

動作主（A）との違いは、"他来了"が特定できる既知の主体が来ることを表すのに対して、"来了一个人"は不特定の未知の主体が来ることを表すところにある。

　　自然現象　　　　　　下雨　〈雨が降る〉
　　その他　　　　　　　死了父亲　〈父を亡くした〉

動作にかかわる場所（E）のうち、到達点を示す場合には、前に挙げた前置詞を使った表し方のほかに、次に示すような補語を使った表し方もある。

	関係	助詞	例	動詞との語順	補語使用
E.	場所	「に」	椅子に座る		坐在椅子上
		「へ」	上海へ飛ぶ		飞到上海

[加藤晴子]

2 動詞・形容詞

2.1 基本的性質

　主に述語になるという性質を共有するのが動詞と形容詞である．ヨーロッパの言語の形容詞は，例えばドイツ語やロシア語などでは格変化をする，英語では be 動詞の助けがなくては述語になれないなど，名詞に近い性質を持つが，中国語や日本語の形容詞は，独立的に述語になれるなど，基本的性質が動詞に近い．このほか，中国語や日本語の動詞と形容詞は，ともに数量を表す語句を伴うことができる（→第4章）などの点でも，性質が似ている．

　日本語の動詞・形容詞および形容動詞は，使い方に応じた規則的な語形変化をすること，すなわち，活用することでほかの品詞と区別され，その活用の形式によって分類される．形容動詞を1語とせず品詞として立てない立場もある一方，形容詞式活用をするものを「イ形容詞」と呼び，形容動詞式活用をするものを「ナ形容詞」と呼ぶ場合もある．以下，本章では，中国語との対照の便を考え，あわせて形容詞と呼ぶことにする．

2.2 中国語の動詞・形容詞

　中国語の動詞・形容詞は，アスペクト助詞（→第6章）や補語を取り，重ね型になることによってほかの品詞と区別されるが，すべての動詞・形容詞がこれらの性質を備えているというわけではない．程度副詞と目的語を取ることができるかどうかによって表2.1のように分類される（朱（1982）をもとに作成）．

表 2.1　中国語の動詞・形容詞と程度副詞・目的語

	很＋～	～＋目的語	例
動　詞	＋	＋〈同時に可〉	很喜欢他
動　詞	－	＋	*很讨论，讨论问题
動　詞	－	－	*很休息，*休息工作
形容詞	＋	－	很丰福，*丰福人民
形容詞	＋	＋〈同時には不可〉	很丰富，丰富生活，*很丰富生活

形容詞はさらに，次のように性質形容詞と状態形容詞に分けられる．
〈Ⅰ〉性質形容詞
　　① 単音節形容詞：大〈大きい〉，紅〈赤い〉
　　② 一般的な二音節形容詞：干浄〈清潔だ〉，清楚〈明晰だ〉
〈Ⅱ〉状態形容詞
　　③ 比喩的な修飾成分を持つ二音節形容詞：雪白〈雪のように白い〉，冰凉〈氷のように冷たい〉
　　④ 形容詞の重ね型：小小的〈小さい〉，漂漂亮亮的〈美しい〉，雪白雪白〈雪のように白い〉，冰凉冰凉〈氷のように冷たい〉
　　⑤ 定型的な形式の形容詞：〔ABB〕热乎乎〈ほかほかした〉，〔A里AB〕糊里糊涂〈おろかな〉，〔A里BC〕脏里呱唧〈きたならしい〉，〔A不BC〕黑不溜秋〈まっくらだ〉
　　⑥ 程度副詞のついた形容詞：很好的〈とてもよい〉，挺便宜的〈とても安い〉
重ね型④のうち，一般的な二音節形容詞②の重ね型は「AABB」式であるが，比喩的な修飾成分を持つ二音節形容詞③の重ね型は「ABAB」式である．また，程度副詞のついた形容詞⑥は1語ではないので厳密には形容詞ではない．性質形容詞は対象が持つ属性を表し，分類するような働きを持ち，状態形容詞は対象のある時点での状態を表し，描写する働きを持つ．

中国語の動詞・形容詞は，主に述語と連体修飾語になり，さらに形容詞と一部の動詞は連用修飾語になる[注1]．
[連体修飾になる場合]
　　① 必ず"的"をつけるもの　　　　吃的东西　〈食べるもの〉
　　② 基本的に"的"をつけないもの　好朋友　　〈よい友達〉
　　③ 基本的に"的"をつけるもの　　美丽的花儿〈美しい花〉
[連用修飾語になる場合]
　　①"地"を基本的につけるもの　　不停地笑　〈ひっきりなしに笑う〉
　　②"地"をつけないもの　　　　　慢走　　　〈ゆっくり歩く〉

(注1) 中国語には，形容詞と同じように連体修飾語にはなるが，形容詞と異なり述語にはならないグループがあり，属性形容詞，区別詞などと呼ばれる．
"男"〈男の〉，"女"〈女の〉，"金"〈金の〉，"銀"〈銀の〉，"双边"〈二国間の〉，"多边"〈多国間の〉，"彩色"〈カラーの〉，"黒白"〈白黒の〉．
　本章では，形容詞について述べる際，その中に含めない．

③ どちらでもよいもの　　　　詳細地説　　〈詳しく話す〉
　　　　　　　　　　　　　　　高高興興地玩儿　〈楽しく遊ぶ〉

ただし，性質形容詞には次のような制約がある．
　① 述語になる場合は複数のものを対比する表現でなければならない．
　② 連体修飾語や連用修飾語になる場合は後ろの名詞や動詞との間が慣用的な組み合わせに限られる．

　中国語の動詞・形容詞は，主に述語・修飾語になるほかに，主語・目的語になることもある．この時，動詞や形容詞は形を変えず，動詞・形容詞としての性質を持ち続ける．このことが中国語の動詞・形容詞の特徴とされる（→第5章）．

　さらに，中国語の動詞・形容詞には，重ね型と呼ばれる形式がある．形容詞の重ね型は上に見た通りであるが，動詞の重ね型は，動作の時間・回数が短い・少ないことを表し，気軽な気持ちや試してみる意図を添えたり，依頼を丁寧にしたりするのに使われる．

　　「気軽に」の意：我想跟你问问。〈ちょっと聞きたいことがあるんだけど．〉
　　「試しに」の意：你尝尝。　　　〈ちょっと味見してみて．〉
　　「丁寧に」の意：您给我看看。　〈ちょっと見せてください．〉

2.3　自動詞と他動詞

　自動詞・他動詞の別は，目的語を取るかどうかによって区別されるが，中国語では「真目的語」（コラム①）を取るものが他動詞，それ以外が自動詞とされ，日本語では，動作・作用の被動者を表す「を」を取るものが他動詞，それ以外が自動詞とされる．両言語の自他の境界は必ずしも一致しない．

　中国語では動詞・動詞句や形容詞・形容詞句などの用言性のものも目的語になれることから，他動詞はさらに，目的語が体言性であるか用言性であるかによって下位分類される．

　① 体言性の目的語のみを取る　　骑马〈馬に乗る〉，买票〈切符を買う〉
　② 用言性の目的語も取れる　　　喜欢孩子〈子供が好き〉，喜欢说话〈話すのが好き〉
　③ 用言性の目的語のみを取る　　打算去〈行くつもりだ〉，觉得好〈よいと感じる〉

　中国語では，用言性の目的語のみを取る動詞③のうち，可能，願望，義務などのまとまった意味を表すグループが助動詞とされるが，実際にはさまざまなも

のが入り混じっている．同様に日本語で助動詞とされるものも，いくつかの意味を表すことでまとめられているが，活用の形式も，接続する形も一定せず，さまざまなものが入り混じっている．

2.4 動詞の時間的捉え方による分類

　中国語の動詞も日本語の動詞も，動作の時間的捉え方，アスペクト（→第6章）との関係から分類することができる．日本語の動詞は金田一（1950）によってアスペクトを表す「ている」との関係で，状態動詞，継続動詞，瞬間動詞，第四種の動詞に分ける代表的な分類があるが，中国語の動詞も"了"，"着"，"过"によって表2.2のように分類することができる（郭（1993）[注2]をもとに作成）．

表 2.2　動詞と動態助詞

	了	着	过	例
状態動詞	－ 起点	－ －	－ －	是，等于，以为 认识，知道，熟悉
動作動詞	起点/終結点 終結点	＋ ＋	＋ ＋	坐，病，等，敲，吃，看 产生，提高，增加
変化動詞	終結点	－	＋	来，忘，开始

　「起点」「終結点」とあるのは，"了"がつく場合，それが動作のやり始めを表すのかやり終わりを表すのかを示す．例えば"吃了"は食べはじめの時点〈「食べよう」など〉を表す場合と食べるのが済んだ時点〈「食べた」など〉を表す場合とがあるが，"忘了"は常に忘れることが済んだ〈「忘れた〈したがってもう記憶の中にない〉」〉ことを表す．もとより，中国語でも日本語でも，別の指標を加えた異なる分類が試みられており，動詞の種類の名称も表内のものに確定しているわけではない．

　動詞の意味による分類としては，以上のほかに，動作動詞・心理動詞・関係動詞・形式動詞に分類する場合や，意志動詞と無意志動詞の分類をする場合などがあり，また，授受を表す動詞，移動を表す動詞などを特別に扱うような場合もある．

[注2]　郭（1993）は，状態動詞，動作動詞，変化動詞の名称を直接には用いておらず，動作がその内部に持つ過程構造の表す意味が，状態から動作を経て変化に至る連続体を成すと捉えている．

2.5　中国語の動詞＋結果補語・方向補語に対応する日本語

中国語には，動詞または形容詞の後につき，結果，様態，程度などの意味を補足する成分があり，これを補語と呼ぶ[注3]．以下では特に結果補語，方向補語に限って話を進める．

中国語の動詞＋結果補語・方向補語に対して，日本語では主に次のような表現が対応する．
① 前の動詞の「て」の形に後の動詞・形容詞が後接するもの
　　喝醉　〈飲んで酔う〉
　　洗干浄　〈洗ってきれいになる〉
　　走来　〈歩いて来る〉
② 前の動詞の連用形に後の動詞・形容詞が後接するもの（コラム②）
　　写错　〈書き間違う〉
　　看完　〈見終わる〉
　　跳进去　〈飛び込む〉
　　想出来　〈思いつく〉
③ 一つの動詞
　　忘掉　〈忘れる〉
　　记住　〈覚える〉
　　找到　〈みつける／みつかる〉
④ 後の形容詞の連用形に前の動詞が後接するもの
　　染红　〈赤く染める〉
　　擦白　〈白く塗る〉
　　打碎　〈粉々に砕く〉

「て」の形でつなぐもの ① では，「〜て」の部分を言わない場合が多い．動作段階から言うことをせず結果段階のみを言うのである．
　　吃饱了　〈食べて腹一杯だ→腹一杯だ〉
　　喝醉了　〈飲んで酔った→酔った〉
　　看懂了　〈読んでわかった→わかった〉
　　长大了　〈成長して大きくなった→大きくなった〉

（注3）　日本語文法でも「補語」を言うことがあるが，中国語の補語とは異なるものである．

③のような対応は，一部の動詞について，中国語では動作段階のみを表し，結果段階を表さないのだが，対応する日本語の動詞が結果段階までを含む場合に起こる．

2.6　中国語の動詞・形容詞と日本語の動詞・形容詞の違い

日本語の動詞には，動詞自身が動作段階と結果段階を含むものがあり，中国語で同じ動作を表す動詞が動作の実現・結果までを含意しない場合には，ずれが生じることになる．例えば中国語では次のような表現が可能であるが，これらをそのまま日本語にするとかなり不自然な表現になる．

　　記了，可是没記住。　　　——？覚えたが，覚えられなかった．
　　借了半天，可是没借到。　——*随分借りたが，借りられなかった．

いずれも「～しようとしたが，～（られ）なかった」とすれば自然な表現となる．つまり，中国語のこれらの動詞は「～しようとする」段階のみを表していると考えられる．

動詞・形容詞の中には，「楽しい」「寂しい」「眠い」「痛い」のように，人間の感情や感覚を表すものがある．日本語では，相手や第三者を感情・感覚の主体として現在形で言い切りの形にする文は，原則として不可能で，「がる」「そうだ」などの形にする必要があるが(→第1章)，中国語にはそのような人称制限はない．

　　*あなたは楽しい．→あなたは楽しそうだ．你很高興。
　　*彼は寂しい．　　→彼は寂しがっている．他很寂寞。
　　*あなたは眠い．　→あなたは眠たそうだ．你很困。
　　*彼は痛い．　　　→彼は痛がっている．他肚子很疼。

動作によっては，中国語のほうが大雑把なくくりで表して日本語のほうが細かく分ける場合がある一方，その逆の場合もある．

表2.3　中日で見られる動詞の表現の差異

擦	（顔を）ぬぐう，（テーブルを）拭く，（窓を）磨く，（黒板を）消す，（油を）塗る
切〈刃物で）切る〉，砍〈（斧で）切る〉，剪〈（ハサミで）切る〉，剁〈（たたくようにみじんに）切る〉	切る

この二つの状況は一見矛盾しているように見えるが，中国語では，同じ動きに見える動作を一つの動詞にまとめるのに対し，日本語では，動作によって意図さ

れる結果ごとに一つの動詞をあてる，という違いが現れたものと説明できる．中国語の「同じ動きに見える」とは，例えば「窓ガラスを磨く」と「黒板〈に書かれた字〉を消す」とをジェスチャーで表現しようとすると，同じような動きになることを意味している．この動きをしながら前にかがみ，垂直の面でなく水平な面に対しての動作にすれば「テーブルを拭く」になる．一方，日本語の「意図される結果」が同じとは，最終的にモノが二つ以上に分離されていれば，そこにいたる動きがどのようなものかは問わないということを意味している．

2.7　動詞・形容詞的表現と名詞的表現

　中国語の表現と日本語の表現を比べたとき，同じ事態を表すのに，中国語では動詞・形容詞的あるいは「コト的」表現がより好まれ，日本語では名詞的あるいは「モノ的」表現がより好まれる傾向が見られる．杉村（1994），劉（2010），狄（1996），来他（1993）などから例をあげ，対応する箇所に下線を付す[注4]．

(1) 動詞の付加
　　我喜欢吃中国菜。〈私は中華料理を食べるのが好きです．〉
　　　→私は中華料理が好きです．
　　我〔中略〕，心扑通扑通地跳。〈私は〔中略〕心臓がドキドキと弾んだ．〉
　　　→私は〔中略〕，心臓がドキドキした．

(2) 動詞句⟷名詞句
　　学习开汽车。〈車を動かすことを学ぶ．〉→車の運転を学ぶ
　　他爱说话。〈彼は話をするのが好きです．〉→彼はおしゃべりです．
　　为了纪念登上泰山，我们〔後略〕。〈泰山に登ったことを記念して私たちは〔後略〕．〉
　　　→泰山登山を記念して，私たちは〔後略〕．

(3) 動詞句⟷連体修飾語
　　没有钱买书。〈本を買うのにお金がない．〉→本を買うお金がない．
　　谁想吃谁举手。〈誰が食べたいかで誰が手を挙げる．〉
　　　→食べたい人は手を挙げてください．

(4) 形容詞句⟷連体修飾語
　　玫瑰花虽好看，但是有刺儿。〈バラはきれいだがトゲがある．〉

（注4）　次の現象も，中国語が動詞重視，日本語が名詞重視の現れであるかもしれない．
　　　　停车〈車をとめる〉　　存车〈自転車をとめる〉　→動詞で区別
　　　　駐車　　　　　　　　　駐輪　　　　　　　　　　→名詞で区別

→きれいなバラにはトゲがある.
領导工作那么忙还关心我。
〈指導者はあれほど忙しいのに私のことを気にかけてくれる.〉
→あれほど忙しい指導者が私のことを気にかけてくれる.
(5) タイトル・見出し
《汉语可以这样教》〈中国語はこのように教えればよい〉（動詞的表現）
〈论汉语词重音〉 〈中国語の語ストレスを論ずる〉（動詞的表現）
『日本人の間違えやすい中国語』（名詞的表現）
「語順に注意！」（体言止め）

[加藤晴子]

発展的課題

1. いくつか動詞を選び，『汉语动词用法词典』（孟琮等编，商务印书馆1987年）などのような，動詞の用法を詳しく解説した辞典を引き，それぞれの動詞にどのような目的語がつきうるかを調べ，さらにそれらが日本語ではどのような表現に対応するかを考えてみよう.

2. 日本語の「～を作る」の「～」にさまざまなものを入れ，それぞれ中国語ではどの動詞を使うか確認してみよう.

【参考文献】
荒川清秀（1982）「中国語の語彙」（森岡健二他編『講座日本語学12 外国語との対照Ⅲ』pp.62-84，明治書院）.
金田一春彦（1950）「国語動詞の一分類」『言語研究』15, 48-63.（金田一春彦編（1976）『日本語動詞のアスペクト』pp.7-26，むぎ書房に再録.）
喜多山幸子編訳, 来思平・相原茂著（1993）『日本人の中国語―誤用例54例』東方書店.
杉村博文（1994）『中国語文法教室』大修館書店.
三宅登之（2012）『中級中国語 読みとく文法』白水社.

狄昌运编，[日] 冈田胜译（1996）『怎样说得对？—日本人汉语学习中常见语法错误辨析』北京语言学院出版社.
郭锐（1993）「汉语动词的过程结构」『中国语文』1993-6, 410-419.
朱德熙（1982）『语法讲义』商务印书馆.

■ コラム② 　　中国語の「動詞＋補語」と日本語の複合動詞

　前の動詞の連用形に後の動詞・形容詞が後接するタイプについて，中国語の「動詞＋補語」と日本語の複合動詞とには，組み合わせの前後各成分の自他と組み合わさった全体の自他との関係に違いがあり，また，いつも対応する表現があるわけではない．

　組み合わせ方にも中国語，日本語双方で一定の制約がある．相対的に，中国語が自由で日本語のほうが制約が強い．例えば「書きあげる」「書きあがる」はどちらも可だが，「たたきこわす」「持ち出す」とは言えても「*たたきこわれる」「*持ち出る」とは言えない．

　まずは，自動詞（および形容詞）・他動詞の組み合わせと，組み合わさった全体の自他との関係について見ると，中国語の「動詞＋補語」では，基本的には前の成分の自他に全体の自他が一致するが，一致しない場合もある．たとえば，動詞"哭"〈泣く〉はもともと自動詞で目的語を取ることはできないが，結果補語"紅"〈赤い〉がつくと，"哭紅"が全体で他動詞的に働くようになり，"哭紅了眼睛"〈泣いて目を赤くした〉のように，目的語を取ることができるようになる．一方で，もともと"修"〈修理する〉は自動詞的には働かないために，"*表修了"とは言えないが，結果補語"好"〈ちゃんと〉がつくと，"表修好了"〈時計が（修理して）直った〉というように，"修好"全体で自動詞的に働くようになる．ほかにも例を挙げておく．

　○全体が他動詞的になるもの
　　跑→跑丢：跑丢了一只鞋　〈走って片方の靴をなくした〉
　　坐→坐塌：坐塌了椅子　〈椅子に座ってつぶした〉
　○全体が自動詞的にも働くようになるもの
　　煮→煮熟：煮熟了鸡蛋〈卵を茹でた〉／鸡蛋煮熟了〈卵が茹った〉
　　找→找到：找到了钥匙〈鍵をみつけた〉／钥匙找到了〈鍵がみつかった〉

　一方，日本語の複合動詞では，「流れ込む」と「押し込む」，「走り去る」と「消し去る」などにおいて前の成分の自他と全体の自他が一致するのを除いて，通常は後の成分の自他と全体の自他が一致する．

　○全体が他動詞的になるもの「よごれを洗い落とす」「原稿を書きあげる」
　○全体が自動詞的になるもの「涙がこぼれ落ちる」「原稿が書きあがる」

　次に，中日の対応であるが，中国語のみに補語を使った表現がある場合と，日本語のみに複合動詞を使った表現がある場合とがある．

コラム② 中国語の「動詞＋補語」と日本語の複合動詞

　　書き間違えた──写错了
　＊書き正しかった──写对了
　　書き忘れた──＊写忘了→忘了写

　中国語の「動詞＋結果補語」は，補語が文中のどの成分を志向するかによって，次のように分けられる．

　① 主語を指向する　　　我走累了　〈私は歩き疲れた〉（我 − 累了）
　② 目的語を指向する　　我踢伤了他　〈彼を蹴って怪我をさせた〉
　　　　　　　　　　　　　　　　　　　　　　　　　（他 − 伤了）
　③ 動詞自体を指向する　我吃完了饭　〈私はご飯を食べ終わった〉
　　　　　　　　　　　　　　　　　　　　　　　　　（吃 − 完了）

　②の補語が目的語を指向するタイプでは，対応する日本語が，「蹴って怪我をさせた」というように使役形になっている．このように，このタイプでは，しばしば全体で使役的な意味を持ち，使役動詞（→第7章）を使わずとも日本語の使役文に対応する場合がある．

　さらに，中国語の「動詞＋結果補語」は，その結果が意図したものか意に反したものかなどによっても，文法的な振る舞いが次のように異なってくる．

　　把衣服做大了　〈服を大きく作った〉
　　做大了衣服　　〈服を大きく作りすぎた〉

　中国語の「動詞＋方向補語」は，補語が文中のどの成分を志向するかによって，次のように分けられる．

　④ 主語を指向する　　　从房间里走出来　〈部屋から歩いて出て来る〉
　⑤ 目的語を指向する　　从兜儿里掏出来　〈ポケットから取り出す〉
　⑥ 両方を指向する　　　从房间里拿出来　〈部屋から持って出て来る〉

　⑤のタイプは日本語では「取り出して来る」とは言えない．「取り出して来る」は⑥の主語と目的語の両方の移動しか表さないためである．

　「ある場所から別の場所へ行って何かをして元の場所に戻る」という事態を表現する際，中国語では行く過程を強く意識するのに対して，日本語では戻る過程をより強く意識する．

　　我去问问上司．──上司に聞いてきます．

[加藤晴子]

3 副　　詞

3.1　は　じ　め　に

　日本語・中国語ともに，副詞は主に形容詞，動詞を修飾し，また，名詞をも修飾する．ふつう，述語となる形容詞や動詞の前に置かれ，連用修飾語（壮语）となる．中国語学では，具体的な意味を持つ語を「实词」，具体的な意味を持たない語を「虚词」と呼ぶが，副詞には具体的な意味を持つ語があるものの，これを虚詞に入れるべきだという考えが圧倒的に多い(注1)．また，日本語の副詞は状態副詞・程度副詞・陳述副詞(注2)に大きく分けられるが，中国語では4種類から11種類までさまざまな説がある．ここでは，中国語の副詞を①程度副詞，②範囲副詞，③時間副詞，④語気副詞という4分類にしたがって概観する．

3.2　程　度　副　詞

　中国語の程度副詞は"很"〈とても〉，"最"〈最も〉といった程度を表すものを指す．主に形容詞，動詞を修飾する．ただし，すべての形容詞や動詞を修飾することができるわけではない(注3)．また，比較する対象があるか否かによって程度副詞を「相対的な程度副詞」と「絶対的な程度副詞」に分けることができる．
　「相対的な程度副詞」には

　　　最，顶〈とても〉，更・更加〈さらに，もっと〉，愈・愈发・越发〈ますます〉，稍・略・稍微・略微・稍稍〈少し〉，比较〈わりあい〉

（注1）　筆者が『現代漢語虚詞辞典』（侯学超 1998）の中の副詞を数えたところ，794語の虚詞のうち，副詞は662語であった．すなわち，副詞は虚詞の八割以上を占めていることになる．
（注2）　日本語における副詞の3分類は，いわゆる学校文法におけるものであって，近年の文法研究では，注釈副詞・限定副詞・時間副詞・評価副詞・意志副詞などさまざまな分類が試みられている．
（注3）　たとえば"雪白"〈真っ白〉"通红"〈真っ赤〉のような，その語の中に程度の意が含まれている場合，程度副詞"很"などの修飾を受けることはできない．すなわち，"*很雪白"〈*とても真っ白〉"*很通红"〈*とても真っ赤〉などとは言えない．動詞の場合，"很担心"〈とても心配している〉のように，主に心理を表す動詞を修飾する．

などがあり，「絶対的な程度副詞」には

　　太・过・过于・过分〈～すぎる〉，很・极・挺・非常〈とても〉，真〈本当に〉，
　　怪〈かなり〉，十分〈十分に〉，相当〈相当に〉，有点（儿）・有些〈ちょっと〉
などがある．絶対的な程度副詞は比較を表す文脈に用いることはできない．

　　比起春天来，我更喜欢秋天．〈春と比べて，私は秋が好きです．〉
　　*比起春天来，我很喜欢秋天．

逆に，何かと比較するのではなく，ある事態の単なる程度を限定する場合は絶対的な程度副詞を用いる．

　　今天挺冷的。　　〈今日はけっこう寒い．〉
　　他妹妹相当漂亮。〈彼の妹は相当きれい．〉

程度副詞は程度を表す以外に，文法的な働きをする場合もある．たとえば，形容詞の前に置かれる場合である．中国語の形容詞は前に修飾語がないと，比較のニュアンスが含まれることがある．"这个房间大"〈この部屋は広い〉には"那个房间小"〈あの部屋は狭い〉といった比較のニュアンスが含まれる場合がある．これに"很"や"挺"などの修飾語を付けて"这房间很（挺）大"と表現すると，比較のニュアンスがなくなる．

数多くの程度副詞の中でどれを使うのかは，当然それぞれの副詞の持つ意味や用法を見なければならない．以下では，少し具体的に見てみよう．

3.2.1　"很""挺""真""太"の用法

〈今日は暑いですね〉という意味を表す場合，"很""挺""真""太"のどれでも使える．"今天很热"は"今天挺热"より程度が高い．"今天真热！""今天太热了！"は感嘆文であり，話し手の気持ちがより強く現れる．

〈あなたは本当にお友達が多いね〉という意味では，"*你有真多朋友"とは言えず，"你的朋友真多啊！"と言う．また，〈この服はすごくきれいだと思う〉と言う場合は"*我觉得这件衣服太漂亮"とは言えず，"我觉得这件衣服很漂亮""这件衣服太漂亮了！"と言う．"真"と"太"はふつう感嘆文に用いられるのである．

形容詞は名詞を修飾する場合には"的"が必要である．そして，一般的に形容詞の前に程度副詞があっても形容詞の後には"的"が必要である．

　　这是一本很有趣儿的书。〈これはとても面白い本です．〉
　　她是一个很聪明的人。　〈彼女はとてもかしこい人です．〉

しかし，"很多"は名詞を修飾する場合の後には"的"を省くことが多い．また，

「"多"＋的＋名詞」という構造はない．
　　我有很多朋友。〈私には友達がたくさんいる．〉
　＊我有多的朋友。
　　他有很多房子。〈彼はマンションを多く持っている．〉
　＊他有多的房子。
　さらに，程度副詞はそのまま行為を表す動詞を修飾することができず，"能""会""敢""愿意"といった能願動詞を動詞の前に置かなければならない．
　　他很/挺/真能吃。〈彼はよく食べる．〉
　＊他很/挺吃。
　　他很/挺/真能干。〈彼はよく働く．〉
　＊他很/挺干。
　"太"を使う場合はふつう"了"とともに用いる．
　　他太能吃了。〈彼は非常によく食べる．〉
　　他太能干了。〈彼は非常によくできる．〉

3.2.2　"有点儿"の用法

　①「"有点儿"＋形容詞」という文型では，形容詞が好ましくない意味を表す語でなければならない．
　　最近天气有点儿干燥。〈最近天気がちょっと乾燥している．〉
　＊最近天气有点儿湿润。〈＊最近天気がちょっと潤いがある．〉
　　最近天气有点儿潮湿。〈最近天気がちょっと湿っぽい．〉
　　她有点儿马虎。　　〈彼女はちょっとおっちょこちょいだ．〉
　＊她有点儿认真。　　〈彼女はちょっと真面目だ．〉
　ただし，ある事態が良い方向へ変化する文脈では"有点儿"を用いることができる．
　　她好像有点儿爱上你了。〈彼女はあなたのことを好きになったみたい．〉
　　看来有点儿希望。　　〈どうやら少し希望が見えてきた．〉
　②"有点儿"はその表現の中に"有"がすでにあるため，「＊"有点儿"＋"有"＋名詞」と言うことはできない．ただし，「"没(有)"＋名詞」であれば，修飾することができる．
　　她对唱歌比较有信心。　〈彼女は歌唱力にちょっと自信がある．〉
　＊她对唱歌有点儿有信心。

她对唱歌有点儿没信心。〈彼女は歌唱力にちょっと自信がない．〉
③ 生理的な状況を表す語とよく共起する[注4]．
　　有点儿感冒　〈ちょっと風邪をひく〉
　　有点儿晕车　〈ちょっと車に酔う〉
　　有点儿头晕　〈ちょっとめまいがする〉
　　有点儿恶心　〈ちょっと気分が悪い〉
④ "有点儿"＋「動詞＋不＋補語」

"有点儿"は程度が低いという意味を表す副詞であるが，必ずしも〈ちょっと，少し〉という意を表しているとは限らない．たとえば「動詞＋不＋補語」の前に置かれる場合である．可能補語の否定形「動詞＋不＋補語」の前には程度の高い意味を表す副詞と共起しにくいため，"有点儿"が用いられる．そういう場合は〈少し，ちょっと〉という意味上の働きを果たすというより，構文の落ち着き度を保つための働きを果たしている．

　　他上课经常摆弄手机，有点儿（*很/*非常/*相当）管不住自己。〈彼は授業中よく携帯をいじり，自分のことをなかなかコントロールできない．〉
　　我有点儿（*很/*非常/*相当）看不进去书。〈私はなかなか勉強に集中できない．〉
⑤ "有点儿"〈ちょっと/少し〉は絶対的な程度を表すため，比較文に用いることはできない．
　　今天比昨天冷一点。〈今日は昨日より少し寒い．〉
　　*今天比昨天有点儿冷。
⑥ "有点儿"があると，ストレートな言い方を避け，語気を和らげる効果をもち，婉曲な表現として用いられることもある．
　　这样做有点儿太过分了。〈これはあまりにもひどすぎるよ．〉

3.3　範囲副詞

3.3.1　範囲副詞の種類

範囲副詞は範囲を限定する副詞で，主に形容詞，動詞を修飾する．しかし，一部の範囲副詞は名詞や数量詞を修飾することができる．範囲副詞は三つのグルー

（注4）　生理的な状況が甚だ好ましくないと表現する場合には，"很"や"非常"といった程度副詞を動詞の前に置くことはできない．
　　咳嗽得很厉害．　〈かなり咳が出ている．〉
　　*很（非常/相当）咳嗽．

プに分けることができる．
① 統括の意を表す副詞　　都・全・净・尽・凡・全都・全部・皆・具・统统・共・总共・一共・一律・一概〈すべて，全部〉
　　我们班的同学都是上海人。〈私たちのクラスメートはみんな上海人です．〉
② 唯一の意を持つ副詞　　只・光・仅・仅仅・就・才・单单・唯・唯独・独〈ただ～だけ〉
　　我们班的同学里只有一个上海人。
　　　〈私たちのクラスメートの中に上海人はひとりだけです．〉
③ 大多数という意を表す副詞　　多半・大多・大都〈ほとんど〉
　　我们班的同学多半是上海人。〈私たちのクラスメートはほとんど上海人です．〉

3.3.2　"都"の用法

　次に，もっともよく使われる"都"〈すべて，全部〉を取り上げ，その用法を少し詳しく見ることにする．"都"は，先行する語句で示した対象（人や事物）が，後続する意味内容にすべて当てはまるという意味を表す．
　　他们三个人都是留学生。　〈彼ら三人とも留学生です．〉
　　这个家，事事都得我操心。〈この家は全部私がやらないといけない．〉
　また"每天"〈毎日〉"每年"〈毎年〉"每个人"〈誰でも〉"每件事"〈どの事も〉といった"每"が含まれる語句があれば，"都"を添える．
　　我们每年都去国外旅游。〈私たちは毎年海外旅行に行きます．〉
　さらに，相手の答えが複数であることを見込んだ場合には"都"が使われる．
　　暑假你都去哪儿了？　〈あなたは夏休みにどこに行きましたか？〉
　　你都有什么爱好？　〈あなたの趣味は何ですか？〉
　ただし，答える時は"我去了…""我爱好…"と言い，"*我都去了…""*我都爱好…"とは言わない．
　また，"都"は「肯定＋否定」とよく共起し，疑問代詞ともよく共起する．
　　你来不来都没关系。〈あなたは来ても来なくても構いません．〉
　　他干什么都很积极。〈彼は何をやっても積極的です．〉
どんな条件でも結局は同じ状況にしかならないという文脈では，"都"を用いることができる．

3.4 時 間 副 詞

　中国語の時間副詞はおよそ130語ぐらいある．時間副詞は動詞や形容詞を修飾するのがほとんどであるが，中には名詞や数量詞を修飾するものもある．意味も過去，現在，将来を表すほか，行為などの頻度や順序を表したりする．

　　马上・立刻・立即・就・便・赶紧・赶快・顿时・顷刻・即刻　〈すぐ〉
　　快・要・快要・就要・将・将要　〈もうすぐ〜（になる）〉
　　正・正在・在　〈〜している〉
　　刚・刚刚・才　〈〜したばかり〉
　　已・已经・就・都　〈すでに，もう〉
　　早就・早已　〈とっくに〉
　　还・又・再・重・重新　〈また，再び，もう一度〉
　　总・老・常・常常・时常　〈いつも〉
　　时时・时刻・往往・每每　〈ときどき〉
　　一直・从来・向来・一向　〈ずっと〉
　　忽然・忽地・忽而・冷不丁・一下子　〈突然〉
　　偶然・偶而　〈たまに〉
　　曾・曾经　〈かつて〉
　　原先・起先・起初・本来　〈もともと，最初〉

　このほかにも時に関わる副詞はあるが，ここでは"才"をあげておく．これは時間詞の前に置かれた場合は時間の早いことを，後に置かれる場合は時間の遅いことを表す．

　　才六点就起来了。　〈まだ6時なのにもう起きた．〉
　　六点才起来。　　　〈6時になってやっと起きた．〉

　また，数量詞の前に置かれた場合は数量が少ないことを，数量の後に置く場合は数量が多いことを表す．

　　她才20岁就结婚了。〈彼女はたった20歳でもう結婚した．〉
　　她35岁才结婚。　　〈彼女は35歳でようやく結婚した〉

　"才"は動詞の前に置かれた場合は〈ようやく，やっと〉の意味を表す．ただし，数量を示す語句があれば，その量が少ないという意を表すことになる．

　　我才明白您说的意思。〈私はようやくあなたの言った意味が分かった．〉
　　我才写了一半。　　　〈まだ半分しか書いていない．〉

3.5 語気副詞（評価副詞）

　語気には，推測の語気，肯定や否定を強める語気，喜びや残念な気持ちを表す語気などといろいろある．ここでは，その主なものを挙げておく．

① 推測の語気 "也许，大概，说不定，恐怕"〈たぶん，恐らく，かもしれない〉
　今天也许(大概/说不定/恐怕)要下雨。〈今日はたぶん雨が降るかもしれない．〉
② 確定の語気 "一定，肯定，绝对"〈きっと，必ず〉
　他一定（肯定/绝对）会来。〈彼はきっと来るだろう．〉
③ 予想の正しさを強める語気 "果然，果真"〈やっぱり〉
　我猜想他能来，果然（果真）来了。〈彼が来ると思っていたが，やはり来た．〉
④「良かった」という意を強める語気 "幸亏，幸好，好在，多亏"〈幸い〉
　幸亏（幸好/好在/多亏）有你在这儿。〈幸いなことにあなたがここに居る．〉
⑤ 残念な気持ちを強める語気 "偏，偏偏"〈あいにく，どうしても〉
　这么多好东西他都不要，偏（偏偏）要那个。
　　〈いいものがこんなに多くあるのにすべて要らず，（残念なことに）どうしてもあれがほしいと言う．〉
⑥ 予想外の意を強める語気 "居然，竟然"〈意外にも，なんと〉
　他居然（竟然）连一道题都没做对！〈彼はなんと問題を全部間違えてしまった．〉
⑦ 感嘆の語気 "可"〈すごく～だ〉
　她可用功了。〈彼女はすごい勉強家です．〉
⑧ 反語の意を強める語気 "难道"〈まさか～ではあるまい〉
　难道你不希望世世代代和平下去吗？（＝你肯定也希望世世代代和平下去。）
　　〈まさかあなたはこれからもずっと平和であることを望んでいないのではあるまい．〉
⑨ 決断する気持ちを強める語気："索性，干脆"〈思い切って〉
　索性（干脆）别管她，随她便把。
　　〈もう思い切って，彼女のことはほっといたら．〉
⑩ 追究の気持ちを強める語気 "到底，究竟"〈いったい〉
　你到底（究竟）想不想去？　〈いったいあなたは行きたいの？行きたくないの？〉
⑪ "不/没"などと共起し，否定の気持ちを強める語気 "并（不/没）"
　我并不（没）想来。〈私は実は来たくなかった〉
⑫ 驚きや不思議などの意を強める語気 "简直"〈まるで～のようだ，まったく〉

他做的简直就像真的一样.〈彼が作ったのはまるで本物みたい.〉

[曹　泰和]

発展的課題

1. 日本語「また」と中国語"还""又""再"の意味の違いについて調べてみよう．
2. 推測の意を表すことばについて日本語と中国語はどのような違いがあるのかを調べてみよう．

【参考文献】
相原　茂監訳，劉月華・潘文娯・故韦华著（1996）『現代中国語文法総覧（上）』くろしお出版．
寺村秀雄（1991）『日本語のシンタクスと意味Ⅲ』くろしお出版．
森山卓郎・仁田義雄・工藤　浩著（2000）『モダリティ』岩波書店．

侯学超（1998）『现代汉语虚词辞典』北京大学出版社。
吕叔湘（1996）『现代汉语八百词』商务印书馆。
马真（2004）『现代汉语虚词研究方法论』商务印书馆。
张谊生（2000）『现代汉语副词研究』学林出版社。
张谊生（2004）『现代汉语副词探索』学林出版社。
朱德熙（1982）『语法讲义』商务印书馆。

■ コラム③　　中国における動物のイメージ（1）

1. 狗〈イヌ〉　"狗腿子"は「悪人の手下」を，"狗头军师"は「知恵の足りない策士」のことをいう．"狗嘴吐不出象牙"〈イヌの口から象牙は生えない〉は「下品な人間が立派なことを言えるはずがない」の比喩．"狗仗人势"〈イヌが主人の力を笠に着る〉は「虎の威を借る狐」にあたる．
2. 狐　"狐群狗党"は「悪人の仲間」の意．キツネもイヌと同じく，悪者のイメージがある．"狐狸精"は伝説中のキツネのお化けで，「男を誘惑する悪女」のこと．"狐狸尾巴藏不住"は「キツネは人間に化けても，しっぽは隠せない」という言い伝えから，「悪事はいつか必ずばれる」の喩え．
3. 鼠　"鼠辈"は〈つまらない者ども，虫けらども〉のことを言い，"鼠胆"は「臆病」の意．"鼠目寸光"は「見識が狭く，目先のことにとらわれている」の喩え．

[蘇　紅]

4 数量詞

4.1 はじめに

　数量詞は，数を表す数詞と，どのような数量であるかを表す助数詞"量詞"からなるものをいう．中国語では"一本书"〈一冊の本〉，"两个人"〈二人〉，"三张纸"〈三枚の紙〉のように，名詞に先だってそれを修飾する働きをする．したがって，必ず「数詞＋量詞＋名詞」の形式で用いられる．一方，日本語では次のように大きく分けると3種類の用法がある．

　① 三冊の教科書を学校に持って行く．
　② 教科書三冊を学校に持って行く．
　③ 教科書を三冊学校に持って行く．

①は中国語と同じ言い方で，数量詞が後ろの名詞を修飾する用法である．「三冊教科書を持って行く」とも言えるが，多くは数量詞と名詞の間に「の」を入れて用いる．中国語では，この「の」に相当する"的"を用いる必要がない．②，③は日本語だけに見られるもので，②での用法は名詞に相当する．これに対して，③では数量詞が副詞のような働きをしている．ただし，③のように言えるのは，数える対象となる名詞を助詞「を・が」が受ける場合に限られる．

　　屋根を3本の柱で支えている．
　　屋根を柱3本で支えている．
　　＊屋根を柱で3本支えている．

4.2 数詞

4.2.1 数詞の分類

　中国語の数詞は大きく系数詞・位数詞・概数詞に分けることができる．
　① 系数詞　一，二，三，四，五，六，七，八，九，十，两，几，多少
　② 位数詞　十，百，千，万，亿…
　③ 概数詞　来，多，好几，左右，上下，前后…

系数詞①のうち，中国語の〈二〉には"二"と"两"の二つの言い方があり，

その違いについては後述する．"几"と"多少"は疑問数詞で，数が少ない場合，だいたい 10 以下の数を予測する場合に"几"が用いられ，それ以外には"多少"を用いる．

　　你们小组有几个人？　〈あなたたちのグループは何人いますか？〉
　　你们学校有多少留学生？〈あなたたちの学校には留学生がどのぐらいいますか？〉

　位数詞 ② には日本語と異なる用いられ方がある．〈百，千，万，億〉などを表す場合，位数詞の前に必ず"一"を付けて"一百，一千，一万，一亿"というように言う．〈十一〜十九〉の場合は日本語と同じく，"十九"と言い，"*一十九"とは言わない．ただし，三ケタ以上の場合は"一"を省かない．

　　二百一十六（*二百十六），　一千一百一十一（*一千一百十一）

三ケタ以上の数の中に位が空いた場合，"零"を補う．位はいくつ空いても"零"を一つだけ入れればいい．

　　一百零一〈101〉，　三千零四〈3004〉，　八万零八〈80008〉

　空いた位が後にある場合は，何ケタ空こうと，その空いた位から後の部分は言わなくてもいいし，言うこともできる．

　　三百三，三百三十〈330〉，　六万八，六万八千〈68000〉

ただ，〈68080〉は"六万八千零八十"と言い，"十"を省くことはできない．〈68008〉を"六万八千零八"と言うからである．

4.2.2　概数詞

"来，多"は複合数詞と量詞の間に置き，概数を表す．「数字＋"来"」は〈その数字の前後〉である意味を表し，"多"は〈〜余り，〜以上〉の意を表す．

　　她看上去有四十来岁．〈彼女は見た感じでは 40 歳ぐらいだ．〉
　　我们班有五十多人．　〈うちのクラスには 50 人あまりいる．〉
　　来了二十来个人．（*来了二十个来人）　〈20 人ぐらい来た．〉
　　吃了十多个饺子．（*吃了十个多饺子）　〈餃子を 10 個あまり食べた．〉

"左右，上下，前后"も概数を表す語で，それらに意味の違いはほとんどない．ただ，"前后"は時間に関する概数にだけ用いられる．

　　刚参加工作的人月收入一般在二十万左右（上下/*前后）．
　　〈入社したばかりの人の月収はだいたい 20 万円ぐらいだ．〉
　　春节前后（*左右/*上下）火车票开始涨价．
　　〈お正月前後には，列車代が高くなる〉

"好几"も数の多いことを表す概数詞で，数詞の位置に置かれる．
　　今天来了好几个专家。〈今日何人もの専門家が来た．〉
　　我有好几个问题。　　〈私はいくつもの質問を持っている．〉
　また，日数や人数などを表す場合，"两三""三两""三四""四五""三五""五六""六七""七八"を用いることはできるが，"九十"とは言えない．
　　两三天〈二，三日〉　　七八个人〈七，八人〉

4.2.3　"二"と"两"
　"二"と"两"には以下のような違いがある．
① 数を数える時には"二"と言い（1，2，3…），"两"は用いない．
② "十"の前では"二十"と言い，"两十"とは言わない．
③ "百"の前では"二百"というのが普通であるが，"两百"とも言える．
④ "千，万，亿"の前では一般に"两千""两万""两亿"と言う．
　　两千零二（十）〈2020〉　　两万八千二（百）〈28200〉
　　两亿两千两百二十二万〈222,220,000〉
⑤ 量詞の前に用いる場合，"两"はすべての量詞の前に置くことができる．ただし，重さの単位を表す"两"（1両の重さは50g）の前に置くことはできず，"两"を含め重さの単位に付く場合だけ"二"を用いる．
　　我买二两（＊两两）饺子。　〈餃子を100グラムお願いします．〉
　　我买二斤（两斤）苹果。　　〈私はリンゴを1000グラム買う．〉
　　我去过两次（＊二次）中国。〈私は中国に2回行ったことがある．〉
⑥ 序数，分数，小数，また，一の位の場合は"二"を用いる．
　　第二　　二分之一〈1/2〉　三分之二〈2/3〉　二点二〈2.2〉
　　三百零二〈302〉　二月二号〈二月二日〉
⑦ "半"の前では"两半儿"〈半分〉と言い，"倍"の前では"二倍"
　　两倍〈二倍〉の両方がある．
　倍数を言う場合は日本語と中国語が異なる場合がある．例えば，給料が20万円から40万円になった場合は日本語では「私の給料は（以前の）二倍になった」と言うが，中国語では以下のような三つの言い方がある．
　　我的工资涨了一倍。
　　我的工资涨到原来的两倍。
　　我的工资是原来的两倍。

4.2.4 序数詞

「三」のように，単なる数を表す数詞を基数詞と言い，「第三」のように順序を表す数詞を序数詞と呼ぶ．序数詞には"第～"が用いられる．

　　第二天〈第二日〉　　第三巻第八号〈第三巻第八号〉

ただし，「第一番」を言い表す場合には"第一名"〈一番目〉と言うのがふつうであるが，"头一名"とも言える．

親族の長幼の順序については助数詞を用いない．一番上の兄弟を指す時には"大哥"〈一番上の兄〉，次は"二哥"〈二番目の兄〉，"三哥"〈三番目の兄〉と言い，一番上の子どもを指す場合は，"大儿子"〈長男〉，"二儿子"〈次男〉などと言う．

4.3　量　　　詞

中国語学では，量詞（助数詞）は大きく名量詞と動量詞に分けられる．名量詞は人，事物の数量を数える時に，動量詞は行為の回数を数える時に使われる．

4.3.1　名　量　詞

名量詞は次の7つに分けられる．
① 個体量詞：个，条，张，本，枝，把，…
② 集合量詞：双，套，群，对，组，批，…
③ 度量衡詞：尺，寸，斤，两，亩，公斤，…
④ 不定量詞：些，点儿（不定量詞は"些"と"点儿"の二つだけである．）
⑤ 準量詞：年，星期，天，小时，国，省，…
⑥ 複合量詞：(二つ以上の量詞からなるもの) 架次（延べ飛行回数），人次（延べ人数），…
⑦ 臨時量詞："一杯水"〈コップ一杯の水〉の"杯"，…

a. 個体量詞と名詞の関係

個体と見なすことのできる事物を数える時に用いる量詞を「個体量詞」と呼ぶ．一般に，どの名詞にどの量詞を使うのかは決まっている．多くの場合は名詞と個体量詞の間には意味上の関連がある．

"条"——細長いものを数える量詞．领带〈ネクタイ〉，河〈川〉など．
　　一条裤子〈一枚のズボン〉，　一条路〈一本の道〉，　一条狗〈一匹の犬〉

"张"——平面的なものを数える量詞．画〈絵〉，桌子〈机〉など．
　　一张纸〈紙〉，　一张床〈一つのベッド〉，　一张脸〈一つの顔〉

"个"——個体を数える量詞．面包〈パン〉など．
　　　一个人〈一人の人〉，　一个问题〈一つの質問〉，　一个房间〈一つの部屋〉
"块"——かたまり状のものを数える量詞．肉〈肉〉など．
　　　一块姜〈一かけの生姜〉，　一块表〈腕時計一つ〉，　一块糖〈1個のあめ〉
　個体量詞は基本的にものの形に基づいたもので，だいたいのイメージを伴っている．しかし，その量詞のイメージと個々の名詞との対応関係は必ずしも明瞭であるとは限らない．たとえば，スカートやハンカチは細長いとは必ずしも限らないが，"条"を使う（"一块手绢"とも言う）．"条"を使う中国語は，日本語では助数詞の「本」にほぼ対応するが，そうでないのもある．スカートやハンカチは日本語では「衣類」のカテゴリーに入れて「枚」を用いる．一方，中国語では「細長い」のカテゴリーに入れて"条"を用いる．すなわち，日本語では「類」をもとに分類するが，中国語では「形状」をもとに分類するという傾向が見られる．

b.　度量衡詞の用法

　度量衡詞とは，度量衡の単位を表すことばである．中国では法定計量単位に定めた"公制"（メートル法）と，昔から慣用されている"市制"の両方がある．
　公制——厘米〈cm〉，　米〈m〉，　公里〈km〉
　　　　　平方米〈m^2〉，　平方公里〈km^2〉，　立方米〈m^3〉
　　　　　克〈g〉，　公斤〈kg〉
　市制——尺（＝0.3333 m），　里（＝0.5000 km）
　　　　　两（＝50 g），　斤（＝0.5 kg）など
たとえば，次のような場合には習慣的に市制を使う．
　　　多少钱一斤？　　　　〈500グラムはいくらですか？〉
　　　每种饺子各来二两。〈各種類の餃子を100グラムずつください．〉
　日常生活に密着することを言う場合は，習慣的に市制を用いることが多い．また公制と市制のどちらを使うのか人によって異なる場合もある．ウェストや胸囲を言うのに市制の"尺"を使う人もいれば，公制の"厘米"で言う人もいる．体重を言う場合には"斤"を使うのが一般的であるが，体重計に合わせて"公斤"を使う人もいる．身長を言う場合は公制を使うが，米の単位を使って，"厘米"を使わない．
　　　他的身高是一米八。　〈彼の身長は180センチだ〉
　　＊他的身高是一百八十厘米。
　　＊他的身高是一米八十厘米。

さらに，"有"と「数量詞＋形容詞」("深""重""厚"など）を組み合わせて使うときには日本語と異なり，単位の後に"的"が要らず，数量詞はそのまま後の形容詞を修飾することができる．

  这个坑有一米深。 〈この穴は1メートルの深さがある．〉
  那个包有十斤重。 〈あのかばんは5キロの重さがある．〉
  那张木板有五厘米厚。〈あの板は5センチの厚さがある．〉

c. 時間を表す数量詞

日本語では，「彼は六時に起きる」と「彼は六時間寝た」というように，時刻を表す〈六時〉の場合でも，時量（時間の長さ）を表す〈六時間〉の場合でも，時間を表すことばの位置は変わらず動詞の前に置かれる．一方，中国語では，時刻の場合は日本語と同じ動詞の前に置かれるが，時量の場合は動詞の後に置かれる．

  他六点起床。 〈彼は六時に起きる．〉
  他睡了六个小时。〈彼は六時間寝た．〉

また，目的語がある場合も，時量を表す語（時量詞）は目的語より優先させて動詞のすぐ後に置く．ただし，人称代名詞が目的語である場合は，人称代名詞を時量詞より前に置く．

  他每天学两个小时汉语。〈彼は毎日二時間中国語を勉強する．〉
  问了他半天，他就是不说。
   〈彼に時間をかけて尋ねたが，どうしても言わなかった．〉

中国語では"去年""今天""星期一""两点"といった時刻を表すことばを「時間詞」といい，"年""天""星期""小时""分""秒"といったことばは「準量詞」に分類される．前者は"在""到"といった動詞の目的語となることができ，後者はそれができない．「準量詞」の中でも，"星期""小时"はその前に量詞の"个"を入れて，"一（个）星期""一（个）小时"と言うことができる．しかし，"年""天""分""秒"の前には"个"を入れることができず，"*一个年""*一个天""*一个分""*一个秒"とは言わない．

d. 臨時量詞の用法

本来，容器，物を置く場所，人体の一部などを表す名詞の中のあるものは数詞と名詞の間に置き，量詞として使うことができる．これを臨時量詞と言い，用法や意味によって次の三つのタイプに分けることができる．

 ① "杯，碗，口袋，箱，瓶"といった臨時量詞はその前の数詞が「一」に限ら

4.3 量　　詞　　　　　　　　35

れずその他の数詞も使用である．"两碗饭"〈ご飯二杯〉
② "墙，地，脸，身，脚，手"といった臨時量詞はその前の数詞が「一」に限られ，その他の数詞に置き換えられない場合．
　　挂了一墙画。〈壁一面に絵がかけてある．/ 壁にたくさんの絵がかけてある．〉
　　撒了一地水。〈床一面に水がこぼれた．/ たくさんこぼれた．〉
　　出了一身汗。〈身体中汗だらけになった．〉
③ "一桌菜"，"一锅肉"，"一车土"のような場合．〈一卓分の料理〉〈一鍋分のお肉〉〈車一台分の土〉という意味を表すこともあれば，〈テーブルいっぱいの料理〉〈鍋いっぱいのお肉〉〈土まみれの車〉という意味を表すこともある．
　このように，「一＋臨時量詞＋名詞」の構造で「たくさん/一面/〜中」という意味を表す点において日本語との違いが見られる．

4.3.2　動　量　詞

動量詞は，専用動量詞，借用動量詞の二種類に分けることができる．
① 専用動量詞──もっぱら動作の回数を数える語として用いられる量詞．
　　次，回，趟，场，顿，下，遍など．
② 借用動量詞──もともとは行為を行うための道具や人体の一部を表す語で，それを臨時に借りた量詞．"口・脚・拳・刀"など．
　　看了他一眼〈一目見た〉，　放了一枪〈銃を一発撃った〉
　日本語の「一日に2回行った」という表現は，中国語では"一天去了两次"というふうに，"一天"（時量詞だが，この場合は動作が行われる時の範囲を表し，時点と同じ位置に置かれる）は動詞の前に置き，「数量＋動量詞」の"两次"は動詞の後に置く．そして，目的語を取る場合には，目的語が場所や人を表す名詞以外，「数詞＋動量詞」は必ず目的語の前に置かなければならない．つまり，「週に三回映画を見た/週に映画を三回見た」，「私たちは去年二回会ったことがある」といった場合は，下記のａのような語順でなければならない．
　　a. 一周看了三次电影。
　＊b. 一周看了电影三次。
　＊c. 一周三次看了电影。
　　a. 我们去年见过两次面。
　＊b. 我们去年见过面两次。
　＊c. 我们去年两次见过面。

しかし，目的語が場所を表す場合，その目的語は「数詞＋動量詞」の前に置いてもいいし，後に置いてもよい．ただ，「数詞＋動量詞」は動詞の前に置くことができない．したがって，例えば「私は年に2回故郷に帰る」場合は下記の二つの語順がある．

　　　我每年回两次老家。　　我每年回老家两次。　　＊我每年两次回老家。

　目的語が人称代名詞あるいは人を表す名詞の場合，「数詞＋動量詞」は目的語の前に置くのが一般的である．ただし，それが人名である場合は二つの語順が可能である．

　　　〈私は今年彼に二回会ったことがある．〉
　　　　我今年见到过他两次。　　？我今年见到过两次他。　　＊我今年两次见过他。
　　　〈彼は息子にげんこつを一発くらわした．〉
　　　　他打了儿子一拳。　　＊他打了一拳儿子。　　＊他一拳打了儿子。
　　　〈私は去年王麗さんに一回会ったことがある．〉
　　　　我去年见过王丽一次。　　我去年见过一次王丽。　　＊我去年一次见过王丽。

4.4　数量詞の重ね型

　中国語の数量詞の重ね型は三つの形式を挙げることができる．"个"を例にとると，"个个""一个个""一个一个"の三つであるが，それぞれの意味的特徴や用法に違いがあり，常に互いに置き換えることが可能であるわけではない．ここでは"一个一个"の形式のみを取り上げることにする．どういう時に数量詞を重ねて使うのか，これには主に以下のような場合が考えられる．

① ある動作を繰り返し行う場合—「"一"＋動量詞」の重ね型
　　　虽然一次一次地失败，但他从不动摇。
　　　　〈たび重ねて失敗しても彼は一度も動揺しなかった．〉
　　　我一遍一遍地复述课文。　　　　〈私は何度も何度も文章を複唱する．〉
　　　一回一回（一趟一趟）地跑去问他。〈何度も何度も彼の処へ聞きに行く．〉

② ある動作の方式やあり方，順番を表す場．この場合には数詞は「一」に限らない．
　　　你们一个一个地问，别一齐问。
　　　　〈一人ずつ聞いてください，同時に聞かないで（同時に聞かれると困る）．〉
　　　你们两个两个地进来。〈2人ずつ入ってきてください．〉
　　　一根一根抽个没完。　〈次から次へとたばこを吸っている．〉

只好一家一家地打听。　　　　　〈家を一軒一軒尋ねるしかない.〉

我们这里一天一天地热起来了。〈こちらは一日一日暑くなってきた.〉

③ たくさんの物あるいは人一つ一つに注目して描写する場合

一个一个的问题摆在他面前。〈たくさんの問題が彼の目の前にある.〉

把做好的小工艺品一个一个小心地摆在桌子上。

〈作った工芸品を一つずつ丁寧にテーブルに並べた.〉

望着一张一张充满朝气的面孔，他感到很自豪。

〈一つ一つの元気な顔を見て，彼は大きな誇りを感じた.〉

房间里一堆一堆的衣服，凌乱不堪。

〈部屋の中にはあちらこちらと服が積まれており，ひどく散らかっている.〉

　数量詞の重ね型を使うことによって，文の描写性が強く表れる．したがって，たとえ「たくさん」という意味を表している場合でも"很多"に置き換えることはできない．逆に描写する必要がない場合には数量詞の重ね型を用いない．日本語と比べると，これまでに見てきたように中国語の数量詞の重ね型はかなり広く使われていると言える．　　　　　　　　　　　　　　　　　　　　［曹　泰和］

発展的課題

1. 中国語で系数詞・位数詞・概数詞に分類される数詞が，日本語と中国語でどのように違うか，調べてみよう．

2. 中国語で動量詞に分類される語について，それに対応する日本語の言い方と比べて，整理してみよう．

【参考文献】

相原　茂監訳，劉月華・潘文娯・故韋华著（1996）『現代中国語文法総覧（上）』くろしお出版．
三宅登之（2012）『中級中国語読みとく文法』白水社．
楊凱栄（2006）「助数詞重ね型構文の認知言語学的考察」『中国語学』**253**, 335-352.

呂叔湘（1996）『现代汉语八百词』商务印书馆．
朱徳熙（1982）『语法讲义』商务印书馆．

5 主語・述語

5.1 文法成分としての主語と述語

　中国語における主語と述語の位置づけを理解するには，まずそれらが中国語のフレーズのうちの1つである主述フレーズを構成する文法成分"句法成分"だということを確認する必要がある．2つの語を，ある基準に基づいて組み合わせた単位をフレーズ（"词组"または"短语"）[注1]と言い，中国語には，主なものとして次の6つがある．

① 主述フレーズ"主谓词组"
　　［例］我吃面包。〈私はパンを食べます．〉
　　　　主語"我"〈私〉と述語"吃面包"〈パンを食べる〉から構成される
② 動目フレーズ"述宾词组"[注2]
　　［例］看电影　〈映画を見る〉
　　　　動詞"看"〈見る〉と目的語"电影"〈映画〉から構成される
③ 動補フレーズ"述补词组"
　　［例］洗干净　〈きれいに洗う〉
　　　　動詞"洗"〈洗う〉と補語"干净"〈きれいである〉から構成される
④ 修飾フレーズ"偏正词组"
　　［例］我的书　〈私の本〉
　　　　修飾語"我的"〈私の〉と被修飾語"书"〈本〉から構成される
⑤ 並列フレーズ"联合词组"
　　［例］北京和上海　〈北京と上海〉
　　　　"北京"〈北京〉と"上海"〈上海〉という並列された複数の成分から構成

(注1)「句」または「連語」とも言う．
(注2)「動目フレーズ」と「動補フレーズ」は，以下に述べる議論のように，動詞という品詞名と，目的語または補語という文法成分名という2つの異なったレベルの名称が混在しているので理想的な名称ではない．これは，"述宾""述补"の"述语"をそのまま「述語」と訳すと，"主谓"の"谓语"の訳語の「述語」と区別がつかなくなってしまうことが原因となっている．

される
⑥ 連述フレーズ"连谓词组"
　［例］坐出租车去　〈タクシーに乗って行く〉
　　"坐出租车"〈タクシーに乗る〉と"去"〈行く〉という2つの動詞性成分から構成される

主語と述語は，この中の主述フレーズ（①）を構成する2つの文法成分のことを指す．学習の場ではしばしば，目的語を伴った動詞述語文を，いわゆる「SVO構文」として教えることもある．

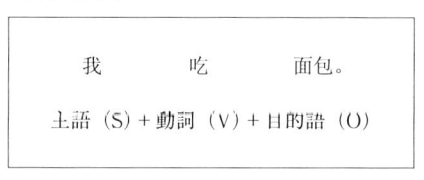

```
　　　我　　吃　　面包。
　　主語（S）＋動詞（V）＋目的語（O）
```

図 5.1　SVO 構文

これが教育上どのような効果があるかは別として，図 5.1 は 2 つの異なった層を 1 つの層として分析したものであるが，厳密には次の図 5.2 のような構造に基づくものと見るべきである．

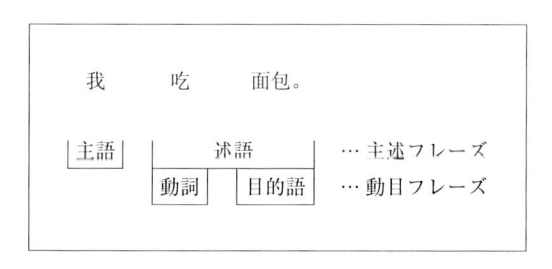

```
　　　我　　吃　　面包。
　　｜主語｜　　述語　　…主述フレーズ
　　　　　｜動詞｜目的語｜…動目フレーズ
```

図 5.2　主述と動詞・目的語の文構造

このように，まず全体が"我"〈私〉という主語と"吃面包"〈パンを食べる〉という述語からなる主述フレーズとなっており，述語"吃面包"の中がさらに"吃"〈食べる〉と"面包"〈パン〉からなる動目フレーズとなっているのである．

5.2　主語の類型

主語というと，"我吃面包."の"我"のように，動詞の表す動作に対する動作主が主語になると思われがちであるが，中国語の主語は動作主だけではない．意

味の役割からいうと，以下のような成分が主語の位置に立つことができる．

① 動作主
　　花猫逮住了一只耗子。〈三毛猫がネズミを1匹捕まえた．〉
② 被動者
　　衣服已经缝好了。〈服はもう縫い上がった．〉
③ 動作の関与者
　　这个学生我教过他数学。〈この学生は私が数学を教えたことがある．〉
④ 道具
　　这支笔只能写小楷。〈この筆は小さな楷書しか書けない．〉
⑤ 時間
　　明天他们上广州。〈明日彼は広州へ行く．〉
⑥ 場所
　　墙上挂着一幅画儿。〈壁に絵が1枚掛けてある．〉

ここでは朱（1982）にしたがって例を挙げたが，主語の意味役割はそれらに限られるというのではなく，16種類もの主語の意味役割を挙げる説[注3]もある．また，述語が動詞ではない形容詞述語文（1）や名詞述語文（2）の場合は，主語を意味役割からどのように規定するかという問題が生じる．

(1) 今天很热。〈今日は暑いです．〉
(2) 今天五月三十号。〈今日は5月30日です．〉

さらに，中国語では名詞性成分に限らず，動詞性成分や形容詞性成分，フレーズなどもそのままで主語になることから，主語の意味役割は何かと規定すること自体無意味なことになる．

(3) 学习理论很重要。〈理論を学習することは重要です．〉

それでは，中国語において主語をどのように規定すればよいのであろうか．

5.3　主語と主題

前掲の6つのフレーズのうち，「主語＋述語」の主述フレーズだけは，他のフレー

―――――――――――――――――――
（注3）　钱（1990）の234頁を参照．

5.3 主語と主題

ズとは異なった点が一つある．それは，主語と述語のつながりが，他のフレーズに比べて相対的にゆるいということである．この点は，次のような言語事実から観察することができる．

まず，主語と述語の間にはポーズを置いたり，語気助詞，あるいは接続詞を置いたりすることによって，構造上主語と述語の間はしばしば大きく隔てられる．

(4) 这件事啊，得好好儿商量一下。
　　〈この件はね，しっかりと相談しなければならない．〉
(5) 我吧，从小就爱看小说。
　　〈私はねえ，小さい頃から小説を読むのが好きだったんだよ．〉
(6) 他虽然很努力，可是学习成绩一般。
　　〈彼はとても努力しているが，勉強の成績はまあ普通だ．〉

(4)，(5)では，主語と述語の間に語気助詞"啊""吧"とポーズが挿入されており，(6)では主語と述語の間に接続詞"虽然"が入って，両者が隔てられている．

次に，文脈や場面の支えがあれば，中国語の主語はしばしば省略される．英語のように主語の出現が義務的な言語に比べれば，主語が統語論上その出現が義務的なものではないという点においては，日本語と中国語とは似ていると言える．

(7) 你去过京都吗？　〈あなたは京都に行ったことがある？〉
　　——(我)没去过。〈(私は)行ったことがない．〉
(8) (你)快来吧！　〈(あなた)早く来て！〉

印欧語の主語と述語は一般に「動作主＋動作」の関係で，主語の性・数・格に呼応して述語動詞の形態が活用する．これに対して，中国語の主語と述語の間はつながりが非常にゆるく，そもそも主語の位置に名詞性成分だけでなく動詞性成分なども置くことができるという事実も存在する．このような言語事実に基づき，中国語においては，主語とはその文における主題[注4]（topic），述語はその主題に対する陳述（comment）であると規定するのが一般的である．

もちろん，本来主語や述語は統語論という文の構造レベルでの概念であり，主題や陳述は表現レベルでの概念である．ここまで取り上げた3つの異なったレベ

(注4)「話題」と訳されることもある．

ルの成分をまとめると以下のようになる．

① 構造レベル　　主語＋述語
② 意味レベル　　動作主＋動作
③ 表現レベル　　主題＋陳述

　中国語においては，主語を主題と規定する際には，これらの異なったレベルの概念を同一レベルの中に混在させて混同するようなことがないように留意する必要がある．たとえば，朱（1985）は，"今天我买菜。"〈今日私はおかずを買います．〉の"今天"（今日）を主題，"我"（私）を主語とし，主題と主語を1つの文中で共起しうる異なった文法成分であると分析する先行研究を紹介し，このような考えは異なったレベルの概念を混同したものであると批判している．日本語では，主格が「が」という格助詞によって明示され，主題として多く文頭に置かれる成分は「は」という助詞によって導かれるが，中国語にはそのような成分表示の助詞はなく，統語的には，単なるはだかの成分だけが並んでいることから，分析の際にこのようなさまざまな問題が起こる可能性が高くなるのである．

　そこで，ここでは中国語の主語を「主語は，さまざまな意味役割のうち，話し手の表現意図に基づき，主題として選ばれ文頭に置かれた成分である．」と規定しておく(注5)．この，ある成分が主題として選ばれ，文頭に置かれるという現象を，朱（1985）の次のような例を使って説明する．

（9）李大夫去年用中草药给一位病人治好了关节炎。
　　　〈李先生は去年，漢方生薬で一人の患者のために関節炎を治してあげた．〉
（10）这位病人的关节炎，李大夫去年用中草药给他治好了。
　　　〈この患者の関節炎は，李先生が去年漢方生薬で治してあげた．〉
（11）这位病人，李大夫去年用中草药给他治好了关节炎。
　　　〈この患者は，李先生が去年，漢方生薬で関節炎を治してあげた．〉
（12）这种中草药，李大夫去年用它给一位病人治好了关节炎。
　　　〈この種の漢方生薬は，李先生がそれで去年一人の患者のために関節炎を治してあげた．〉

(注5)　陆（1986）は，中国語においては主語と主題は必ずしも完全には一致しないと指摘している．中国語の主語と主題の関係は学術的には現在も議論が続く大きな問題であるが，この点についてはここではこれ以上議論する余裕はない．

(13) 去年，李大夫用中草药给一位病人治好了关节炎。
　　　〈去年，李先生が漢方生薬で一人の患者のために関節炎を治してあげた．〉

(9) では"李大夫"（動作主），(10) では"这位病人的关节炎"（被動者），(11) では"这位病人"（関与者），(12) では"这种中草药"（道具），(13) では"去年"（時間）が，話し手によって「何についてコメントするか」という，コメントの対象，すなわち主題として選択され，それが統語論レベルでは主語として文頭の位置に置かれているのである(注6)．

5.4　主語・述語のない文

　さて，これまでは中国語の文のうち，主語と述語が備わった文（主述文"主谓句"）を扱ってきたが，そもそも「主語＋述語」という構造から構成されていない文（非主述文"非主谓句"）もある．

(14) 下雨了。　　　　〈雨だ．〉
(15) 是我。　　　　　〈私だ．〉
(16) 禁止吸烟。　　　〈禁煙．〉
(17) 多美的花呀！　　〈なんて美しい花だろう！〉
(18) 热得我满头大汗。〈暑くて私は頭が汗でびっしょりだ．〉

　これらの非主述文は，(7)，(8) のように文脈によって文意が明らかであるために成分が省略されたという文ではない．一般に，省略のある文は省略された成分を補うことが可能であるが，非主述文は何も補うことができない，そのままで完全に充足したタイプの文である．

(19) 谁去北京？〈誰が北京に行くのか？〉── 老李。〈李さんだ．〉
(20) （呼びかけて）老李！〈李さん！〉

(19) のやりとりの返事での"老李．"は"老李去北京．"〈李さんが北京に行く．〉というように，述語"去北京"〈北京に行く〉を補うことができることから，省略

(注6)　ただし，どの意味役割も同等に主語として選択されうるわけではない．他の意味役割が本来の統語的位置に復元することができるのに対して，動作主だけは主語という位置が本来の統語的位置として設定されており，他のメンバーのように主語以外の位置に戻ることができない．主語という役職の担当しやすさという点で，他の意味役割に比べて動作主は別格であると言える（朱（1985），中川・木村編訳（1986）の訳者注釈を参照．

のある文である．一方，(20) は何ら省略のない，非主述文になる．

[三宅登之]

発展的課題

1. 中国語の主語にはさまざまな意味役割が立ちうることが第2節で紹介されたが，日本語の主語にはどのような意味役割が生起しうるのか確認してみよう．
2. 日本語における主語と主題の関係を整理してみよう．

【参考文献】
朱德熙(1985), 中川正之・木村英樹編訳(1986)『文法のはなし―朱德熙教授の文法問答―』光生館．

李临定（1985）「主语的语法地位」『中国语文』1985-1, 62-70．（李临定（1994）『李临定自选集』河南教育出版社，pp.160-176 に再録．）

陆俭明（1986）「周遍性主语句及其他」『中国语文』1986-3, 161-167．（陆俭明（1993）『现代汉语句法论』商务印书馆，pp.73-84 に再録．）

钱乃荣主编（1990）『现代汉语』高等教育出版社．

杨成凯（2000）「汉语句子的主语和话题」『现代中国語研究』2000-1, 35-48．（徐烈炯・刘丹青主编（2003）『话题与焦点新论』上海教育出版社，pp.51-82 に再録．）

朱德熙（1982）『语法讲义』商务印书馆．

■ コラム④　　中国における動物のイメージ（2）

4. 牛　　"牛"は黙々仕事をすることから"牛脾气"は「頑固な人」の意．"对牛弾琴"〈牛に向かって琴を弾く〉とは「馬の耳に念仏」にあたる．

5. 乌鸦〈カラス〉　　"乌鸦命"は「不幸な運命」の喩え．"乌鸦落在猪身上"〈烏が豚の上にとまる〉とは，「自分のことに気づかず他人を笑う」，"天下的乌鸦一般黑"〈世の中の烏は皆黒い〉とは「悪人はいつどこでも必ず悪事を行う」という意．カラスはどこでも嫌われ者である．

[蘇　紅]

6 テンスとアスペクト

6.1 テ ン ス

　中国語はテンス（時制）を表す形態がない言語とされている．ただし，その意味するところは，動詞にテンスを表す形態変化がないということであって，テンスの概念を中国語では表現することができないというのでは決してない．中国語では，動詞の形態変化によるのではなく，語彙的な手段によって表される．

　(1)　他昨天走的。〈彼は昨日行ったのです．〉
　(2)　我現在休息。〈私は今休憩しています．〉
　(3)　他明天才走。〈彼は明日ようやく行きます．〉

(1)では過去，(2)では現在，(3)では未来の出来事を叙述しているが，動詞"走"〈行く・去る・発つ〉，"休息"〈休憩する・休む〉の形態はまったく変化せず，述べられている事態が過去なのか，現在なのか，未来なのかは，それぞれ"昨天"〈昨日〉，"現在"〈今〉，"明天"〈明日〉という時を表す語によって明示されている．
　日本語でも実は，現在と未来の事態を表現しわける，特定の動詞形態は存在していない．「私が食べる．」という文において，「食べた」という過去形に対する「食べる」を現在形と呼ぶことがあるが，この「食べる」は現在の事態を表しているのではない．「私が食べる．」と言った場合，その時点より後に「食べる」という動作が行われるということを表すもので，時制としては未来の事態であることを表現している．現在の事態を表すのであれば，「食べている」というような言い方で言い表されることになる．この「～ている」は，後述するアスペクトという文法的カテゴリーに分類されるものであるが，日本語ではテンスとアスペクトは密接な関係を有しているのである．
　ちなみに，日本語で，状態を表す動詞「ある・いる」などはそのままの形態で現在の事態も未来の事態も表すことができる．

　(4)　ここに本がある．

(5) 明日はコンサートがある．

6.2 アスペクト

　一方，アスペクト（相）に関しては中国語は非常に豊富な言語形式を持っている．アスペクトとは動作の始まりから終わりまでのどの過程にあるかを示す表現形式を言う．たとえば，次の (6) は行為の直前を，(7) は行為の継続を，(8) は行為の完了をそれぞれ表している．

(6) レポートを書こうとしている．
(7) レポートを書いている．
(8) レポートを書いてしまう．

　日本語では，「動詞＋て＋補助動詞」，もしくは「動詞＋補助動詞」（「書き始める・書き続ける・書き終える」）などの形式で言い表される．
　一方，中国語には，助詞の中にもっぱらアスペクトを表すことを職務とするアスペクト助詞（動態助詞とも．中国語は"动态助词"）があり，"了""着""过"の3語がそれに相当する．以下では，それぞれの言語形式ごとに，その働きと文法的意味を概観することにする．

6.2.1　アスペクト助詞"了"，語気助詞"了"

　アスペクト助詞"了"は，動詞の直後に置かれて，動詞の表す動作・行為が実現・完了したことを表す．[注1]

(9) 我昨天买了一套西装。〈私は昨日スーツを1着買った．〉
(10) ？我昨天买了西装。

　動詞"买"〈買う〉に"了"を付加することにより，「買う」という行為を実際に行い，完了したという意味を表している．
　このアスペクト助詞"了"はどのような文においても自由に使用できるのではない．(9) も，数量詞"一套"〈1着〉があることが文の成立条件となっており，(10) のように目的語が数量詞のない，はだかの名詞の場合は，文として成立しない．

(注1)　アスペクト助詞"了"の文法的意味については実現説（刘，1988）と，完了説（木村，1997）という2つの異なった立場があるが，ここではこの議論には立ち入らない．なお，実現説でも完了説でもここでの議論には影響しない．

この"了"の文終止の問題としてよく言及される現象は，一見形式上の問題のようにも見えるが，実は根本的には意味上の制約によるものである．木村 (1997) によると，次のように，動詞が"找"だと「動詞＋"了"＋目的語」がそのままでは文として言い切りになれないという現象が認められる．

(11) ？小王找了独木桥。　　〈王さんは丸木橋を探した．〉
(12) 小王找了一会儿独木桥。〈王さんはしばらくの間丸木橋を探した．〉
(13) 小王找到了独木桥。　　〈王さんは丸木橋を探しあてた．〉
(14) 小王过了独木桥。　　　〈王さんは丸木橋を渡った．〉

(11) では，「探した」といっても，具体的にどのくらいの時間にわたって探すという行為を行ったのか，動作の終結点が明確でない点に原因がある．(12) のように"一会儿"〈しばらくの間〉というように動作の持続時間を明示したり，(13) のように補語"到"（目的への到達の意を表す）を用いて動作の終結点を示したり，(14) のように"过"〈通り過ぎる，渡る〉といった，動作が終結することがその動詞の語彙的意味に内包されているような動詞を用いたりすると，文が自然なものとなって成立する．(9) において，目的語に数量詞があることが，文の成立に大きく寄与しているのも，目的語の分量を明示することが，その「動詞＋目的語」の表す行為の終結点を明示することになるからである．

このように，中国語の完了相を表すアスペクト助詞"了"は，そもそもが動作の開始時点と終結時点が明確で，有界な（bounded）出来事に自然に用いられるという特徴を持っている．動作自体が有界であれば，その出来事について個別かつ特定のものとして言及することが容易になることから，動詞述語文にさまざまな修飾語をつけて，出来事を個別なものとして特定すればするほど，アスペクト助詞"了"を使っても自然な表現となる．

(15) *我吃了饭。　　　　　　〈私はご飯を食べた．〉
(16) 我刚在对面小饭馆里吃了饭。〈私は向かいの料理店でご飯を食べたばかりだ．〉

「動詞＋"了"＋目的語」を使った (15) は，独立した文としては言い切りにできないが，同じ「動詞＋"了"＋目的語」でも，(16) のように出来事の実現した時間や場所を明示する連用修飾語がつくと，それがとりもなおさず動作の実現を保証することにつながり，文として安定したものとなるのである．

また，文末に置かれる語気助詞"了"は，その名称からしても，一般にはアス

ペクトを表すカテゴリーではなく，話し手のさまざまな語気を表すモーダルな成分として扱われているが，実はこれもアスペクトの現象と密接に絡んでいる．語気助詞"了"は新しい事態の発生や変化を表すのがその基本義であるが，動詞述語文の文末に置かれた場合には，結果的にアスペクト助詞"了"の表す文法的な意味ときわめて接近することがある．

(17) 我买了一辆自行车。〈私は自転車を1台買った．〉
(18) 我买自行车了。　　〈私は自転車を買った．〉

(18)の文末に置かれているのが語気助詞"了"である．(17)のような「動詞＋"了"＋目的語」と(18)のような「動詞＋目的語＋"了"」では，その用法にさまざまな違いがあるが[注2]，語気助詞"了"を用いた「動詞＋目的語＋"了"」は，結果的には「動作が完了していない状態から，動作が完了後の状態へと変化した」という点から，アスペクト助詞"了"を使った場合と似た意味を表すことになる．

6.2.2　アスペクト助詞"着"，副詞"在"

日本語の「ている」形に該当する継続相は，中国語では2つの言語形式によって表される．アスペクト助詞"着"は動詞の直後に置かれ，動きのない状態の持続（静態義）を表す．一方，副詞"在"は[注3]動詞の前に置かれ，動きのある動作の進行（動態義）を表す．

(19) 他现在在写信，你别打扰他。
　　　〈彼は今手紙を書いているので，邪魔をしないでください．〉
(20) 墙上写着几个大字。〈壁に大きな字がいくつか書いてある．〉

同じ"写"（書く）という動詞でも，(19)"在写"では今まさに書きつつあるという動作の進行の段階を表し，(20)"写着"では人が書いた後，字がそこに書かれた状態で残っているという状態の持続の段階を表している．一見動きのある動作について"着"が付加されている場合もある．

(注2)　詳細は三宅（2010）を参照．
(注3)　進行相を表す副詞には"在""正""正在"などのバリエーションがあり（もちろん三者の意味と用法が同じという意味ではない），文末にはしばしば語気助詞"呢"が相性良く用いられるが，小稿ではこれらの相違点を検討する余裕はないので，一括して"在"で代表させる．

(21) 一场热烈的讨论正在进行着．　〈白熱した議論が今行われているところだ．〉
(22) ？一场热烈的讨论进行着．　　〈白熱した討論が行われている．〉
(23) 一场热烈的讨论进行着，到深夜还没结束．
　　〈白熱した討論が行われていて，深夜になってもまだ終わらない．〉

　(21) のような例を挙げて，アスペクト助詞"着"は動作の進行をも表すという主張がなされることも少なくないが，この考え方は誤りである．(21) が動作の進行を表すのは，文中に"正在"という副詞があるからであって，(22) のように"着"だけがついた形であれば，文は言い切りの形として成立しない．実はこのような"V 着"は，(23) のように，議論をしているという「状態」のもとで，後続する節が表す事態が発生したということを述べることに主眼があり，後続する節を述べるに当たっての背景を示している．同様の現象はこのような複文の節だけでなく，句のレベル，または大きなディスコース（談話）のレベルでも認められるが，"着"は動態義の動詞に付いても，話し手があたかもそれを動きのない状態であるかのように見立てて，後に述べる内容の背景となっていることを表す働きをしているのである[注4]．

　逆に，動作の進行を表す"在"も，あたかも長期的に継続する事態について用いられることがある．

(24) 自从解放以后，他一直在教中学．
　　〈解放以来，彼はずっと中学・高校で教鞭を執っている．〉

　(24) では，発話したちょうどその時点に，彼が学校で授業をしているとは限らず，非常に長いスパンで時間を切り取って見た場合，ずっと彼が教鞭をとってきたという意味である．スパンが長いほど，状態の持続の意に似てくる．これらのことから，中国語では基本的には状態の持続は"着"が，動作の進行は"在"が表すものの，眼前の事態を話し手がどのように見立てているかが，言語表現に反映される場合があることがわかる．

　なお，日本語の「ている」形が，すべて中国語の"在"や"着"に該当するわけではなく，主として以下に示すような，いくつかのパターンに分かれている．

　(A)　動作の進行として"在〜（呢）"で表されるもの

(注4)　詳細は三宅（2007）を参照．

「食事をしている」［在吃饭］

「ピアノを弾いている」［在弹钢琴］

「部屋を掃除している」［在打扫房间］

(B) 状態の持続として"〜着（呢）"で表されるもの

「座っている」［坐着］

「鍵がかかっている」［锁着］

「ハンドルを握っている」［握着方向盘］

(C) 状態の持続の意味を本来持っている動詞で表されるもの

「持っている」［(所有) 有］

「知っている」［知道］

「愛している」［爱］

(D) それ以外のさまざまな表現で表されるもの

「壊れている」［坏了］

「バケツから水が漏れている」［水桶漏水了］

6.2.3　アスペクト助詞"过"

アスペクト助詞"过"は，動詞の直後に置かれ，「〜したことがある」という経験相を表す．

(25) 我去过北京。〈私は北京に行ったことがある．〉

中国語のアスペクト助詞"过"には，その使用に際して，日本語の経験相を表す「〜たことがある」と似た制約がある．日本語の「〜たことがある」は，発話時と出来事の発生時の隔たりが大きければ大きいほど，文の許容度が大きくなる．かなり近い過去の出来事に「〜たことがある」を用いることはできない．

(26) a. 2, 3 年前，ベトナム料理を食べたことがある．
   b. ?先月ベトナム料理を食べたことがある．
   c. *昨日ベトナム料理を食べたことがある．

中国語も同様に，アスペクト助詞"过"は遠い過去の出来事であれば安定して使えるが，発話時と近い過去であれば，不自然な文になる．

(27) 他前年也来过。〈彼は一昨年も来たことがあります．〉

(28) ?他前天也来过。〈?彼は一昨日も来たことがあります．〉

(29) 他前天也来过了.〈彼は一昨年も来ました.〉

(27)の"前年"(一昨年)であれば問題はないが,(28)の"前天"(一昨日)となると,文として不自然になる.注意すべきは(29)で,(28)に"了"をつけると文は自然になることである.しかし,(29)の"过"は,もはや上記の経験相を表す"过"ではなく,「動作を済ませた」という動作の終結を表す"过"である.このような"过"は補語であると分析する立場も多く,発音の上でもアスペクト助詞"过"が軽声であるのに対して,動作の終結を表す"过"は本来の声調(第4声)で読んでもよいといった,さまざまな相違点が認められる.

ただ,中国語において発話時と近い過去に用いられる経験相を表す"过"が皆無というわけではない.

(30) 甲:我叫你经常去看看他,你为什么不去?
　　　〈頻繁に彼に会いに行くようにと言っているのに,なんで行かないの?〉
　　乙:我常去,今天早晨还去过.
　　　〈よく行っているよ,今朝だって行ったんだから.〉

このような近い過去に用いた"过"は,「確かにそうしたのだ」という念押しや反駁の表現意図を伴っているのである.ただし,この"过"は「〜たことがある」という日本語には対応しない[注5].

6.2.4　方向補語"起来""下去"など

中国語において,これら上記以外にアスペクトを表す言語形式がないわけではない.たとえば,中国語の方向補語には,本来の空間上の動きの向きを表す方向義と,抽象的な派生義があるが,この派生義の中にはアスペクト的な意味を表すものもある.

(31) a. 她站起来了.〈彼女は立ち上がった.〉
　　 b. 她哭起来了.〈彼女は泣き出した.〉
(32) a. 他走下去了.〈彼は(歩いて)下りていった.〉
　　 b. 你再讲下去.〈話し続けてください.〉

方向補語"起来"は,本来の方向義として(31a)のように,下から上への移

(注5)　詳細は三宅(1999)を参照.

動の意味を表す．他方，派生義として，(31b) のように，動作や状態が始まって，その状態が持続していくという意味をも表す．"下去"は，(32a) のように，もともと話し手のいる基準点から離れ，また上から下へ下りるという方向を表すが，派生義として，(32b) のように動作を継続するという意も表す．ここでは，代表的な2つだけを示したが，他の方向補語にも，その派生義がアスペクト的な意味を表していると見なせるものがある．

　また，結果補語"完"は，「～し終わる」という動作の完了を表すが，これもアスペクト的な意味を表す語の一つだと見なすこともできる．

(33) 那本书我看完了。〈あの本は私は読み終わりました．〉

　また，進行相の"在"や持続相の"着"とともにしばしば相性良く用いられる語気助詞"呢"も，これらと共起した場合だけでなく単独で用いられた文においても，進行相という文法的意味を表す役割を担っている．

(34) 他睡觉呢。〈彼は寝ていますよ．〉

「～したばかりである」という意味を表す副詞"刚"も，単なる語彙的な意味というレベルに収まらない，アスペクトの上での文法的意味も表していると言える．近い未来を表す"快要～了"（もうすぐ～する）という構文や，回想を表す語気助詞"来着"（～していた）なども，アスペクトの側面を有しているものとして注意される．

(35) 他刚从上海回来。　〈彼は上海から戻ってきたばかりである．〉
(36) 他快要回国了。　　〈彼はもうすぐ帰国します．〉
(37) 你刚才说什么来着？〈君はさっき何を言ってたっけ？〉

6.3　ま　と　め

　中国語のアスペクトは，主にアスペクト助詞によって表されている．しかし，単にアスペクト助詞という品詞の枠組みに収まることなく，個別の語彙や構文も含めて，その他のさまざまな成分に補完されながらも，全体として中国語特有のアスペクト体系を構成していると考えることができる．　　　［三宅登之］

発展的課題

1. 日本語の動詞の「た」形（「食べる」に対して「食べた」）が，中国語ではどのような形式や表現に該当しているか，多くの実例を集めて調べてみよう．

2. 中国語の方向補語の中に，本文で取り上げられた"起来""下去"以外にも，アスペクト的な意味を表すメンバーがあるかどうか，調べてみよう．

【参考文献】

井上　優・生越直樹・木村英樹（2002）「テンス・アスペクトの比較対照　日本語・朝鮮語・中国語」（生越直樹編（2002）『シリーズ言語科学 4 対照言語学』, pp. 125-159, 東京大学出版社）．

木村英樹（1982）「中国語（テンス・アスペクト）」（寺村秀夫他編『講座日本語学 11　外国語との対照』, pp. 19-39, 明治書院）．

木村英樹（1997）「動詞接尾辞"了"の意味と表現機能」（大河内康憲教授退官記念論文集刊行編『大河内康憲教授退官記念　中国語学論文集』pp. 157-179, 東方書店）．

日中対照言語学会編（2002）『日本語と中国語のアスペクト』白帝社．

三宅登之（2010b）「日本語との対照から見た中国語のアスペクト」『語学研究所論集』15, 193-213．

三宅登之（2010a）「"了1"と"了2"の相違点とその認知的解釈」『中国語教育』8, 44-66．

三宅登之（2007）「表示动态的"V着"的实际使用情况考察」（张黎ほか主編『日本現代汉语语法研究论文选』pp. 64-82, 北京语言大学出版社）．

三宅登之（1999）「周縁的"过2"について」『中国語』478, 27-32．

龚千炎（1995）『汉语的时相 时制 时态』, 商务印书馆．

刘勋宁（1988）「现代汉语词尾"了"的语法意义」『中国语文』5, 321-330。（刘勋宁（1998）『现代汉语研究』北京语言文化大学出版社，pp. 1-20 に再録．）

■ コラム⑤　　中国における動物のイメージ（3）

6. 魚　　"魚"yú は "余"yú と同音であることから裕福の意があるとされ，"年画"によく用いられる．"年年有余"とは「毎年余るほどの福がある」の意．鯉を抱く子供の図案は"连年有余"ともいい，"春节"には家々でこの図を貼って新たな一年の喜びを祝い，幸福を願う．"鲇鱼"〈ナマズ〉と"桔子"〈ミカン〉の図案"年年大吉"は"鲇"niánは"年"と同音でナマズ 2 匹は"年年"〈毎年〉の意となり，"桔"jú は"吉"jí に通じて，「毎年吉に満たされるように」と願うもの．　　　　　　　　　　　　　　［蘇　　紅］

7 態〈ヴォイス〉

7.1 はじめに

　言語表現において「態〈voice〉」とは，(1a), (1b) が示すような表現主体の視点の違いに関わる文法的カテゴリーを言う．
　(1a) 警察抓住小偷了．　〈警察が泥棒を捕まえた．〉
　(1b) 小偷被警察抓住了．〈泥棒が警察に捕まえられた．〉
　"警察"を主語とする (1a) は，警察に視点を置いて出来事を表現しているのに対して，"小偷"を主語とする (1b) は，"小偷"〈泥棒〉の側から出来事を表現している．この二文は，同じ客観的な出来事を叙述の対象としながらも，表現する立場と視点を異にしている．
　どのような文法的な現象を「態」と見なすかについてはさまざまな見方があって，定説には至っていない．一般的に，日本語では，受動表現（受身表現）・使役表現・授受表現が，中国語では，受動表現・使役表現が態としてよく取り上げられている．そこで，以下に，受動表現・使役表現・授受表現を取り上げて，中国語と日本語を概観していくことにする．

7.2　受動表現（"被动式""被动句"）

7.2.1　直接受動態

　中国語と日本語における，最も典型的な受動表現は，(1b) のような構造をもつもので，日本語では，能動態における行為や影響の受け手（目的語「～を」の部分）を主語とし，行為や影響を起こす動作主（主語「～が」の部分）を「～に／から／によって」で示すのに対して，中国語では，能動態の目的語を主語とし，動作主は介詞[注1]"被／叫／让／给…"で示される．

（注1）　日本語では一般的に「前置詞」と呼ばれる．

(2a) 她打碎了玻璃杯。〈彼女はグラスを割った.〉——能動態

(2b) 玻璃杯被她打碎了。〈グラスは彼女に割られた.〉——直接受動態

直接受動態においては，構造的に図7.1のような意味関係をもつ．

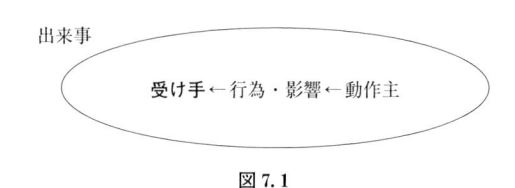

```
出来事
  受け手←行為・影響←動作主
```

図 7.1

　一般的に，日本語の受動態は，動詞が未然形に「～れる／られる」を付けられるのに対して，中国語では語形の変化をしない動詞が単独では受動態の述語を形成することなく，一般的に動詞の後に結果を示す結果補語[注2]や"了"などを伴って表現される．

　日本語では，動作主を示す場合，ふつう「～に」が用いられるが，動作主がものの出どころであったり，そのものが抽象的なものであったりする場合は「～から」が，動詞が〈創造する〉という意味で，事物の属性を説明する場合などは「によって」が用いられる．このように，動作主の性質や動詞の種類などによって異なる語が用いられるのである．

　これに対して，中国語にも動作主を示す言い方が複数あるが，日本語のような使い分けはない．また，(3)のように，日本語と同じく動作主を省略して表現することもあるが，(4)のように動作主だけを省略して，介詞"被"などが単独で用いられることもある．

(3) 玻璃杯（被她）打碎了。〈グラスは（彼女に）割られた.〉

(4) 玻璃杯被（她）打碎了。〈グラスは（彼女に）割られた.〉

　動作主は基本的に"被…"で示されるが，口語では(5)～(7)のように"叫／让／给"も多用される．"叫""让"は動作主を省略して用いることはできず，"给"は(9)のように"被／叫／让"の後に用いられることもある．

(5) 自行车叫人偷了。〈自転車は人に盗まれた.〉

(6) 啤酒都让他喝完了。〈ビールは彼に全部飲まれてしまった.〉

(7) 他给公司解雇了。〈彼は会社に首にされた.〉

(注2) (4)の直接受動文で"打"の後にくる"碎"にあたる要素のこと．

(8) 他给解雇了。　　　〈彼は首にされた.〉
　(9) 钥匙被她给弄丢了。〈鍵は彼女になくされた.〉
　中国語では，(5)〜(8) のように，動作主が省略されて"被""给"だけで言うことができるということは，それらに動詞性が強く残っていることを意味している．

7.2.2　間接受動態
　対応する能動態がない間接受動態は，構造的に図 7.2 のような意味関係からなる．

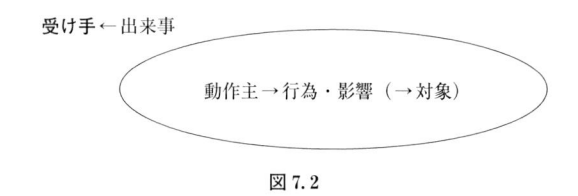

受け手←出来事
　　　　（動作主→行為・影響（→対象））

図 7.2

　すなわち，受け手が，直接には関与していない，ある出来事から影響を受けるという表現である．これを大きく「持ち主の受身」と「第三者の受身」に分けることができる．
　(10a) 小狗扯破了他的衣服。　〈小犬が彼の服を引き破った.〉
　(10b) 他的衣服被小狗扯破了。〈彼の服は小犬に引き破られた.〉
　(10c) 他被小狗扯破了衣服。　〈彼は小犬に服を引き破られた.〉
　(10b) は (10a) の目的語を主語とした直接受動態であるのに対して，(10c) は (10a) の"的"の前に示された，"衣服"〈服〉の持ち主である"他"〈彼〉を主語として表現した受動態である．このような，能動態において"…的"〈〜の〉で表される要素を主語として表現した受動態を「持ち主の受身」と言う．
　日本語・中国語ともに，(10b) (10c) のように直接受動態でも持ち主の受身でも言い表されることができるが，「〜の」の後に身体部位が来る場合には，日本語では持ち主の受身しか用いられない．
　(11a) 他打了我的头。　　〈彼が私の頭を殴った.〉
　(11b) 我的头被他打了。　〈*私の頭は彼に殴られた.〉
　(11c) 我被他打了头。　　〈私は彼に頭を殴られた.〉
(11b) の，直接受動態による日本語文は不自然である．このように，中国語は

日本語より制限が緩いと言うことができる．

次に，「第三者の受身」とは，対応する能動態の意味する事柄に含まれていなかった第三者がその事柄の影響（多くは迷惑）を受けるものとして主語に据えられる受動態を言う．しかし，この「第三者の受身」は，中国語ではほとんど受動の形で表現されず，(12a) の出来事は (12b) のように言うと非文となる．

(12a) 昨天晚上孩子哭了，我没睡着觉。

(12b) *昨天晚上被孩子哭了，我没睡着觉。

(12a) は"昨天晚上孩子哭了"〈昨晩は子供が泣いた〉という事態が影響を与えて，第三者である"我"〈私〉が"我没睡着觉"〈眠れなかった〉という事態を被ったという構造であり，それに対応する能動文は (13a) である．

(13a) の様態補語[注3]"我没睡着觉"の"我"が出来事の影響の受け手として受動態の主語据えられることで，(13b) の受動態ができあがっているのである．このような受動態は，出来事の性質や動詞に制限があるが，日本語における第三者の受身の用法にかなり近いと言える．

(13a) 昨天晚上孩子哭得我没睡着觉。〈昨晩は子供が泣いて，眠れなかった．〉

(13b) 我昨天晚上被孩子哭得没睡着觉。〈昨晩は子供に泣かれて，眠れなかった．〉

(14) 昨天晚上隔壁的邻居放了一个晚上的唱片，吵得我一会儿都没能睡着。
　　〈私は昨夜隣の人に一晩レコードをかけられて一睡もできなかった．〉

第三者の受身は自動詞だけでなく，(14) のように他動詞の場合にも成立する言い方である．

7.2.3 無標の受動態

日本語には，「つかまる⇔つかむ」「見つかる⇔見つける」というような，自他が対応する動詞において，自動詞が受動的な意味を持っている場合がある．そのような自動詞表現に対して，自他対応の動詞形態を持たない中国語では受動態形式が用いられる．

(15) 小偷被警察抓住了。〈泥棒が警察に捕まえられた／捕まった．〉

(16) 打工被老师发现了。〈アルバイトが先生に見つけられた／見つかった．〉

一方，中国語は動詞が受動形態を持たないので，動作主が明示されない文は，

(注3) 動詞・形容詞の後に位置し，"得"を前置させて，動作の描写，状況の評価・説明などを表す動詞・形容詞，もしくはそれを含むフレーズをいう．(13a) では，"孩子哭"と様態補語"我没睡着觉"との二つの出来事の間に因果関係があることを表している．

(17) ように受動形態はないが，受動態と同じ意味を表すこともある．
　(17) 地震赈灾邮票发行了。〈地震救済の切手が発行された．〉

7.2.4　訳しにくい受動表現
　中国語の受動態は，基本的に他動性が強い能動文に対応する形で被害や迷惑を表すものである．受け手への迷惑や影響が弱くなったり，論理的な関連性が希薄になったりすると，往々にして受動態ではなく，動作主を主語に据える能動態で表現される．次の日本語の例にある受動態は中国語には訳しにくい．
　(18) 図書館へ行く途中，外国人に道を聞かれた．
　　　［去图书馆路上，有个外国人问了我路怎么走。］
　(19) お米の粉を使って造られた製品や食品が，今とても<u>クローズアップされています</u>．　［用米粉制造的产品和食品如今非常受重视。］
　なお，中国語には一人称を動作主にする受動態があり，直接には日本語に訳しにくい表現である．
　(20) 那些旧报纸都被我扔了。〈あれらの古い新聞は全部私が捨てた．〉

7.3　使役表現（"使动式" "使动句"）

7.3.1　使役態の構造
　他人に動作を行わせたり，事態を引き起させたりする意味を表す形式を使役態と言う．
　(21a) 太郎去买花了。　　　　〈太郎が花を買いに行った．〉
　(21b) 花子让太郎去买花了。〈花子が太郎に花を買いに行かせた．〉
(21a) の行為を，花子が働きかけてさせたという意味の文としたものが (21b) である．
　中国語の使役文は兼語構造で表現される．兼語構造とは，次のような，使役を受ける者が使役を表す動詞の目的語になると同時に，後続の動詞の主語にもなるという構造をなすものである．

$$S_1 + V_1 + \boxed{\begin{array}{c} O_1 \\ S_2 \end{array}} + V_2 + \langle O_2 \rangle$$

　日本語は，他動詞の場合は使役を受ける者が「～に」で示されるが，意志性の自動詞からなる使役文の場合は，「～を」〈強制〉と「～に」〈放任や許可〉の使い分けによって使役の受け手への影響の強さが調節される．

(22) 母は娘を夫の滞在先へ行かせた．
(23) 母は娘に夫の滞在先へ行かせた．
中国語は，動詞 V_1 を使い分けて，"叫"によって指示のニュアンスを，"让"によって許可のニュアンスを，"使"によってる結果や状態を引き起こすという意味を表す．
(24) 我叫小孩们到隔壁的房间去了。〈子供たちを隣の部屋に行かせた．〉
(25) 你能让我再想一下吗？　〈もう少し考えさせてもらえますか．〉
(26) 比赛的结果使大家很失望。〈試合の結果は皆をたいそう失望させた．〉

7.3.2　その他の兼語構造の文

兼語構造には"叫""让""使"以外にも，"请""劝""命令""要""托""催"など，使役性を持つ動詞も用いられる．それらも広い意味で使役表現であると考えられる．

(27) 国庆节我想请你去我家做客。〈国慶節に家に招待したいと思います．〉
(28) 我劝你少跟他们在一起。〈あまり彼らと一緒にいないように忠告する．〉
(29) 主任命令大家做好放弃签约的准备。
　　〈主任は皆に契約サインを断念する準備をしておくように命令した．〉
(30) 老师要我们每天都听十分钟英语广播。
　　〈先生は私たちに毎日10分間英語の放送を聞くように言っている．〉
(31) 他托我在北京买一些北京的糕点。
　　〈彼に北京で地元のお菓子を少し買ってくるように頼まれた．〉
(32) 妈妈催我早些回家过年。
　　〈母は少し早く年越しに家に戻るように催促している．〉

7.4．授　受　表　現

7.4.1　授受表現と中国語

日本語には，授けたり受けたりする意を表す「あげる（やる）」「もらう」「くれる」という一群の動詞がある．このような，やりもらいの主体と受け手を異なる視点から捉える表現であることから，ヴォイスの一種と考えることもできる．たとえば，(33b) は (33a) の受け手を主語とし，与え手を「～に」で示したもので，能動態に対する受動態に類似する関係にある．

(33a) 花子が太郎にお菓子をあげた．　　　　　［花子给了太郎点心。］

(33b) 太郎が花子に／からお菓子をもらった．　［太郎向花子要了点心。］
　(33c) 花子が太郎にお菓子をくれた．　　　　　［花子给了太郎点心。］
　(33c)は(33a)と似た構造を持っているが，「〜に」で示される人が話し手にとって心理的にウチ側にいるととらえた場合の表現である．
　これらの動詞は，さらに「動詞＋て」の形に接続し，利益や恩恵の授受にも用いられる．
　(34a) 太郎が花子に自転車を直してあげた．　　［太郎给花子修了自行车。］
　(34b) 太郎が花子に自転車を直してもらった．　［太郎请花子修了自行车。］
　(34c) 太郎が花子に自転車を直してくれた．　　［太郎给花子修了自行车。］
　利益や恩恵を受ける対象は，(34a)では「花子」，(34b)では「太郎」，(34c)では「花子」（および話し手）となる．
　中国語にはこのような動詞がないので，ヴォイスに類似する表現も，利益・恩恵のやりもらいの表現も存在しない．次の日本語文は中国語で言うと，すべて視点や人称制限を持たない事実説明の表現になってしまう．
　(35) 私は王さんにチョコレートをあげた．　［我给了小王巧克力。］
　(36) 王さんは私に何もくれなかった．　［小王什么也没给我。］
　(37) 私は王さんに飛行機の時間を教えてあげた．　［我告诉了小王飞机的时间。］
　(38) 李さんは王さんに三階まで水を運んでもらった．
　　　　［小李让小王把水搬到了三楼。］

7.4.2　受益と"给我"

　「〜てくれる」は一般的に(39)のように中国語で"给我"と対応させる．

　(39) 王君はわたしに自転車を直してくれた．［小王给我修了自行车。］

　しかし，"给我"には，「〜てくれる」が有する，視点や人称制限がなく，(34c)ように一人称以外の人称にも自由に用いられる．"给我"は，命題の一部分である間接目的語に一人称が来る場合に，たまたま恩恵や受益の方向と一致することによって，結果的に受益の意味を持つに過ぎない．命題自身に間接目的語が必要でない場合に"给我"を使用すると，受益というよりも，相手に自分のためにある行為を強制するといった意味になる．　　　　　　　　　　　　　　　　　［張　　勤］

発展的課題

1. 次の例にある「思われる」は，受動ではなく，ひとりでにそうなるといった「自発」の意味を表している．

　　夏になるといつも一年住んでいたカナダが懐かしく思われる．
　　〈每到夏天，我总会对曾住过一年的加拿大涌起怀念之情。〉

同じ受動態の形を取る「自発」と「受動」はどういう関連性を持つものであろうか，「自発」の意味に用いられる動詞はどんなものがあり，どういう属性をもつものなのか，について考えてみよう．そして中国語ではどのように「自発」を表現しているのかも比較してみよう．

2. 中国語の受動表現は次のように"把"構文との間に対応関係が見られる．

　　我的电脑被弟弟弄坏了．（受動文）
　　〈私のコンピュータは弟に壊された．〉
　　弟弟把我的电脑弄坏了．（"把"構文）
　　〈弟が私のコンピュータを壊した．〉

用例をできるだけ集めて，二つの構文の間に存在する共通の特徴を考えてみよう．

【参考文献】

庵　功雄（2001）『新しい日本語学入門　ことばのしくみを考える』スリーエーネットワーク．
木村英樹（2000）「中国語ヴォイスの構造化とカテゴリ化」『中国語学』247，19-39．
柴谷方良（2000）「ヴォイス」『日本語の文法1 文の骨格』岩波書店．

■ コラム⑥　"超常搭配"

　"超常搭配"といわれる非常識で特殊な言い方が，固定的に用いられる場合もある．たとえば，"恢复"は〈失ったものを再び得る〉の意で，"恢复职位"〈もとの職を再び得る→現職に復帰する〉，"恢复健康"〈もとの健康（な状態）を再び得る→健康を回復する〉など，もとの職や，もとの健康な状態を回復することを指す．この"恢复"と"职位""健康"は動詞と目的語の関係であるが，日常によく聞く"恢复疲劳"という言い方は，〈疲労から回復する〉の意であって，疲労しているもとの状態に戻ることではない．すなわち，"疲劳"は"恢复"の目的語とは解釈できない．また，"打扫卫生"も衛生を掃除するの意ではなく，〈掃除して衛生的な状態になる〉という意である．

　　　救火　　〈消火する〉　　　　×火を救う
　　　晒太阳　〈日向ぼっこする〉　×太陽を晒す

コラム⑥　"超常搭配"

　　喝西北风〈すきっ腹をかかえる〉　×西北からの風を飲む
　　写毛笔　〈筆で書く〉　　　　　　×筆を写す
　　看医生　〈医者に診てもらう〉　　×医者を看る
　　读研究生〈大学院生になる〉　　　×大学院生を読む

ほかにも，次のような表現が見える．

　　我学会了这样阅读她的脸色。（邓一光『亲爱的敌人』）
　　　〈直訳：私はこのように彼女の顔色を読むことができるようになった．〉

"阅读"〈閲読，読む〉という動詞は元来"书报"〈本や新聞〉などの名詞と共起するもので，"脸色"〈顔色〉は含まれないはずである．しかし，"阅读"と"脸色"との結合で，「本や新聞」のようにその内容がしっかりと理解されるという新しい意義素を増やしたのである．

　　种下的爱情已该收获。（闻捷『苹果树下』）
　　　〈直訳：植えた愛情はもう収穫すべき時期になった．〉

"种下"〈植えた〉というのは"树苗"〈木の苗〉ではなく，"爱情"であっても，違和感を感じさせないのは，愛情が木の苗と同じく育てはぐくむ性質のものであり，また，愛情も果実のように実ることから，それを"收获"〈収穫〉する時期を迎える場面も理屈の上で納得ができるからである．

次の例文は現代中国で流行っている言い方であるが，現代人に「何を食べるか」と聞いたら，答えはこうであるというのである．

　　朋友相聚吃热闹，情侣消费吃情调，人情消费吃排场，家庭聚餐吃快活，新潮消费吃方便。
　　　〈直訳：友達が集まると賑やかさに食べる，恋人どうしが消費するとき情調を重んじて食べる，人情を消費するときは見栄をはって食べる，家族が集まるときは楽しく食べる，流行消費は便利さを食べる．〉

この動詞"吃"〈食べる〉の目的語は形容詞や抽象名詞で，本来は共起しないのであるが，社会習慣を見事に言い当てた言葉として好かれている．

そもそも，語と語の組み合せについての規則は，その言語の話し手が長い時間をかけて合理的に作り上げ，歴史的に洗練してきた高度な言語事象であるが，共起"搭配"の文法的語彙的なルールを見事に打ち破ったところに言語文化の一つの高まりがあるとも言える．

　　　　　　　　　　　　　　　　　　　　　　　　　　　　［蘇　紅］

8 文のモダリティ

8.1. モダリティとは

8.1.1 モダリティの定義と分類

　言語の種類にかかわららず，どのような内容の言語表現（以下，「発話」と呼ぶ）にしても，話し手の主観（以下「主観的表現」と呼ぶ）が入る．

(1) 她明天来。　　　　〈彼女はあす来る．〉
(2) 她明天会来的吧。　〈彼女はあす来るのだろう．〉
(3) 她明天一定来。　　〈彼女はあすきっと来る．〉
(4) 我估计她明天会来。〈彼女はあすは来ると思う．〉

　いずれも"她明天来"〈彼女があす来る〉という事柄（「命題」とも呼ぶ）についての発話であるが，その事柄を断言する (1), (3) か，推測や推論をしたりする (2), (4) かによって，それぞれの発話としての意味が異なってくる．このような断言や推量などは，話し手の主観的な考えに基づくもので，主観的表現の部分である．　主観的表現の存在は中国語も日本語も同じであり，言語表現の特徴である．一般的に，個々の発話は，表現の対象となる客観的な事柄（命題）と，その事柄を語る際の話し手の考えや思いを表す主観的表現との二つの部分からなる．

　主観的表現は内容が多岐にわたり，それらを表す形式もさまざまであって，言語によって表し方も異なる．「モダリティ」（中国語では"情态"という）という用語もまた，研究者の立場や考えによってその範囲や内容が異なる．ここでは，発話レベルにおける主観的表現全般という広い立場から，中国語と日本語のそれについて比較しながら概観していくことにする．

　まず，モダリティで示される主観的表現を大まかに整理しておく．発話は，コミュニケーションのために行われるものであるという視点に立てば，発話が成り立つ基本的要件として，話し手，聞き手，伝達内容の三要素が欠かせない．この三つの要素から考えられる主観的な表現は次の二つに他ならない．

① 命題をめぐる話し手の捉え方にかかわるもの（対事的モダリティ）

② 聞き手に対する話し手の働きかけや態度を表すもの（対人的モダリティ）
(5) 那本书是我的吧。〈その本は僕のだろう．〉
この文は，"那本书是我的"〈その本は僕のだ〉という命題を断定するのに情報が足りず，"吧"を用いた推測の形で，話し手の考えを表明したものである．このような推量や考えの表明といった主観的表現は，命題に対する話し手の捉え方を示しているので，対事的モダリティである．
(6) 你今年还去洛杉矶吗？〈君は今年もロサンゼルスに行くの？〉
(7) 你要好好儿学习。〈君はちゃんと勉強しなければならないぞ．〉
(6) は話し手の推量ではなく，聞き手に対して情報を求める働きかけをしており，(7) は"你好好儿学习"〈君はちゃんと勉強する〉という命題の実現が必要であることを聞き手に発話することによって，結果的に聞き手にその実現を働きかけているので，いずれも対人的モダリティである．

8.1.2 モダリティの構造

日本語は形式上対人的モダリティが対事的モダリティを包み込むという多層の構造をとる．
(8) たぶん彼も行くでしょうね。［大概他也去吧。］
(8) はまず「彼も行く」という命題が対事的モダリティを表す「たぶん～でしょう」によって包まれ，さらに外側から推測を聞き手に投げかける「ね」で包まれている．図示すると，次のようになる．

| 命題 | 対事的モダリティ | 対人的モダリティ |

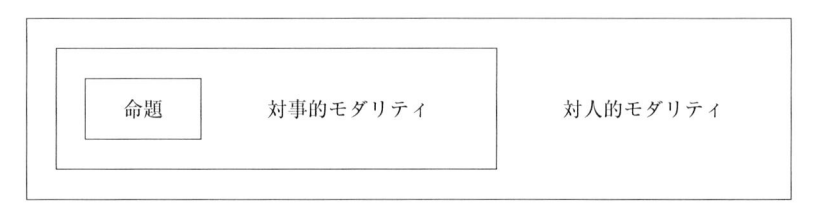

図 8.1

中国語は日本語と違い，多くは (9) のような構造をとる（下線はモダリティ部分）．
(9) 他<u>不应该</u>那样做<u>啊</u>。〈彼はそうすべきではないね．〉
中国語ではモダリティは，助動詞（"情态动词""能愿动词"など）を中心とし，副詞（"语气副词""情态副词"など）と少数の文末助詞（"语气助词"）によって

表されるが，助動詞類が文末に近い位置にくる日本語と違って，中国語は助動詞だけでなく，多くの"语气副词""情态副词"などの文副詞も動詞の前に位置して，命題の間に割りこむ構造になるのである．

8.2 対事的モダリティ

対事的モダリティはさらに「認識的モダリティ」「願望的モダリティ」「当為的モダリティ」の三種に分かれる．

8.2.1 認識的モダリティ

認識的モダリティとは，命題が真か偽か，確かかどうかについての話し手の捉え方を表すものである．話し手の命題との関わり方によって，さらに以下の種類に分けることが可能である．

a. 断定のモダリテイ

断定のモダリティに用いられる副詞"必然"〈必ず，必然的に〉，"肯定"〈疑いなく，必ず〉，"一定"〈きっと，絶対に〉，"准"〈必ず，きっと，確実に〉や助動詞"得"〈(ぜひとも)～しなければならない〉，"要"〈～するはずである，～するものである〉などは，いずれも命題内容に対する話し手の判断や確信を表す．

(10) 成功必然属于意志坚强的人。〈成功は必ず意志の強い人に属する．〉
(11) 明天有重要会议，他一定来。〈明日重要な会議があるから，彼はきっと来る．〉
(12) 我们就这么着，她准说好。〈こうしよう，彼女はきっといいと言う．〉
(13) 如果你妈妈知道你考上北京大学了，她要笑得合不拢嘴了。〈お母様が君が北京大学に受かったとわかったら，きっと笑いが止まらないだろう．〉

注意すべきは，"必然"（および"肯定""一定"など）がなくてもまとまった命題の意味がそのまま成り立つのに対して，"准"（おおび"得""要"など）は表現されなければ，命題の意味が変わってしまうことである．後者は主観的意味を表すと同時に命題の意味にもかかわっているからである．このように中国語のモダリティ表現の多くは，モダリティだけではなく，命題内容の構成にも深く関わり，テンス・アスペクトなどの文法カテゴリーとも密接な関連性を持つ．

(14) 成功属于意志坚强的人。〈成功は意志の強い人に属するものである．〉
(14)には，"必然"など，話し手の断定や確信を強める主観的表現はないが，話し手の歴然とした判断が示されている．断定というのは話し手が世界を捉え，自らの世界観を示す最も基本的な認識であるから，明示的な主観的表現がない形で

命題を示すだけの，言い換えると，主観的表現が無標の形式でも話し手の断定を表すことが可能である．この点に関しては，日本語も同様だが，テンスの形態がはっきりしている日本語では，述語が基本形（ル形）でなければならないことから，基本形（ル形）の意味として話し手の主観的な断定が表わされていると言える．

話し手が主語となる場合，自分の未来の行動を聞き手に断定的に表現すれば，約束の意味ともなる．

(15) 到了美国，我肯定去拜访他。〈アメリカに行ったら，必ず彼を訪ねる．〉

また，聞き手が主語となる場合，聞き手の未来の行動を断定的に表現すれば，聞き手に実行させたり，強制したりする意味ともなる．

(16) 今天你太累了，晚上一定早点睡觉啊！
　　　〈君は今日たいへん疲れたから，夜は必ず早く寝てくださいね．〉

命令形など動詞活用形を持たない中国語は，実質的にこのような断定形式が命令文的な機能を果たすことになる．"一定"と"啊"〈ね〉などが補助的に要請や命令の意味を強める働きをする．

時に，断定のモダリティの表現は主観的意味が薄れ，客観的な描写になることもある．

(17) 北京一到秋天准刮风。〈北京は秋になると，決まって風が吹く．〉

この"准"は話し手の判断というよりも事柄の規則を捉える表現である．現象を帰納して規則を捉えるのは話し手の主観であるが，その規則は客観的なものである．このような断定のモダリティの表現は客観的な意味に傾斜していく．

b. 蓋然性モダリティ

蓋然性モダリティとは，命題について確信はないものの，非常に高い確率で実現するものであろうと捉える話し手の判断を表すものをいう．

(18) 你放心吧，会有你用武的地方的。
　　　〈安心しなさい．君が腕を振るう場所があるのだ．〉

(19) 已经四点了，他应该回来了。
　　　〈もう四時になったので，彼はもう帰って来るはずだ．〉

なお，蓋然性モダリティの表現に用いられる助動詞類"会"〈~するであろう，~するはずだ〉（"会……的"〈~のだ〉)，"应该"〈~のはずだ〉などは否定の形"不会"〈~はずがない〉，"不应该"〈~はずがない〉なども用いられるが，蓋然性の否定ではなく，命題内容の発生の可能性を強く打ち消す表現である．

また，話し手が主語である場合，断定のモダリティと同じく約束の意味をも表す．
   (20) 我会给你一个答复的．〈わたしは必ずあなたに返事を差し上げます．〉

c. 可能性モダリティ

可能性モダリティは，さらに下位分類することも可能であるが，命題の実現に対する話し手の推測という主観的な意味で共通している．
   (21) 我们可能今天回不去了．〈ぼくらは今日はもう帰れないかもしれない．〉
   (22) 这么好的天能下雨吗？〈こんないい天気なのに雨が降ることがある？〉
   (23) 好像没有问题啊．〈問題がないようだね．〉

"可能"〈～かもしれない〉は推測を表すことに重きが置かれているのに対して，"能"〈～のはずだ〉はより推測した結果を強調し，「可能性」をクローズアップさせる．"好像"〈～のようだ〉は，根拠性の強い推理から根拠がやや弱い推測までの意味を表し，日本語の「～ようだ」と「～そうだ」の両方に対応するので，((23))においては〈問題がなさそうだね．〉とも理解できる．

ただし，「～そうだ」のような，目で見える兆候を根拠として判断を示すという意味に対応する表現として，中国語では"看起来"〈私見では～，どうも～のようだ〉，"看上去"〈見受けたところ，見たところ〉などもあるが，主観性が薄まり，しかも，話し手が目撃した状況を描写することに重きを置いた表現である．
   (24) 这菜看上去有点儿辣呀．〈この料理は見たところ少し辛いようだ．〉

8.2.2 願望的モダリティ

このタイプのモダリティはすべて第一人称が主語となる発話に用いられ，話し手の希望や願いを表す．
   (25) 我想买一台新的电脑．〈新しいコンピューターを買いたい．〉
   (26) 我愿意参加夏天的培训班．〈私は夏の研修クラスに参加したい．〉

日本語では「～たい」の使用は一人称を主語とする場合に限られるが，中国語では人称にかかわらず"想"〈～したい〉，"愿意"〈～したい〉などが用いられる．第一人称以外の場合は"想""愿意"が表すのは話し手の主観的気持ちではなく，話し手がまとめあげる命題の一部分でしかない．

8.2.3 当為的モダリティ

命題を，その実現が必要で義務であり，可能であるものとして捉えるモダリティ

である．義務的モダリティと許容的モダリティに下位分類される．

a. 義務的モダリティ

中国語は日本語と同様にこの意味のモダリティの表現に基本的に文法化の進んでいる助動詞類が用いられる．

(27) 你<u>得</u>把这些药都按时吃了啊。
　　　〈君はこれらの薬を時間通りに飲まなければいけないよ．〉
(28) 进大楼的人都<u>必须</u>在这儿签一下儿名儿。
　　　〈ビルに入る人はみなここにサインをする必要がある．〉
(29) 年轻的时候<u>应该</u>多走些地方。〈若い頃は少し多くの所を回るべきだ〉
(30) 我们<u>要</u>抓紧一点时间。〈わたしたちは時間を無駄にしてはならない．〉

聞き手が主語となる命題の内容となれば，(27) のように間接的に聞き手に命令や依頼をしたり，許可やアドバイスをしたりすることになる．この場合，文末助詞"啊"を用いることもできる．

b. 許容的モダリティ

命題の実現が，客観的な条件または人為的な許可によって可能であることを表すモダリティである．

(31) 他们<u>可以</u>坐船去香港。　　〈彼らは船に乗って香港に行くことができる〉
(32) a. 你现在<u>能</u>回家了。　　〈君はもう家に帰ってよい．〉
　　　b. 你现在<u>能</u>回家啦。　　〈君はもう家に帰ってよいよ．〉
(33) 在教室里<u>不能</u>抽烟。　　〈教室ではタバコを吸ってはいけない．〉
(34) 我明天终于<u>可以</u>放松一下了。〈私は明日ついにつかの間楽になれる．〉

(32) のように，聞き手が主語となる命題の内容であれば，間接的に聞き手に要請する意味になる．この場合，文末助詞"啊"((32b) では"了"との融合形式である"啦"になる) を用いることが可能である．

さらに (31)，(33) は"可以"と"能"が話し手の判断以外に，客観的な可能性やルールを伝えているという解釈も可能である．これは (17) で見た判断のモダリティが客観的な意味へ傾斜することと同様である．

8.3 対人的モダリティ

対事的モダリティは命題内容に対する話し手の捉え方を表すのに対して，対人的モダリティは，コミュニケーションが成り立つために欠かせない要件としての聞き手への働きを表す表現である．対人的モダリティは更に表現的モダリティと

遂行的モダリティの二つに分かれる．

8.3.1 表現的モダリティ

このタイプは，表現された対事的モダリティが結果として聞き手へ作用をもたらし，間接的に聞き手に働きかけてしまうものである．

(35) 你一定要去。〈君は必ず行かなければならない．〉

(35) は第一義としては"你去"〈君が行く〉という命題に対してその実現が必要で，または義務がある（"一定要"）という話し手の主観的判断が表されるが，その表現が結果的に聞き手を動かし，聞き手は行かなければならないと思うようになって行動に移るか移ろうとするような事態となれば，その表現が間接的に聞き手への勧告・アドバイス・命令となるのである．これまで見てきた (16)，(27) も対事的モダリティと同時に表現的モダリティでもある．

8.3.2 遂行的モダリティ

遂行的モダリティは表現的モダリティと違って，その形式からして第一義的には聞き手への働きかけを表すものである．言い換えれば，それを含む発話が表現されると，聞き手への働きかけとなる．このタイプにおいて，中国語と日本語は大きく異なり，中国語はより多く言語行為動詞や対事的モダリティの形式による間接的表現に依存するのに対して，日本語は活用形や慣用表現が多用され，また，文末助詞で表現されることも多い．次に，主な形式を対照させておく．

(36) 你坐下，听我说！　　　　〈座りなさい．話を聞きなさい．〉
(37) 你进来吧！　　　　　　　〈どうぞ入ってください．〉
　　　你进来呀！　　　　　　　〈どうぞ入ってくださいね．〉
(38) 你给我滚！　　　　　　　〈消えろ！〉
(39) 我请你出去！　　　　　　〈出て行ってもらいます．〉
(40) 我建议你现在就去！　　　〈君にいますぐ行くことを提案する．〉
(41) 火事だ．逃げろ．　　　　［起火了，快逃！］
(42) そこの新聞をくれたまえ．［把那儿的报纸给我！］
(43) 帰るときに窓を閉めてくださいね．［回家时把窗户关了啊！］

8.4　日中両国語の比較についての補足

　日本語では活用形や複合辞（連語）が多用されるのに対して，中国語は分析的な構造，すなわち文の形で表現されることが多い．命令形が存在するかどうかはもちろん，「～すべきだ」と"应该"，「～かもしれない」と"可能"などの対応関係にもこの違いがうかがえる．そして，中国語のモダリティ形式が対事的モダリティから対人的モダリティまで，幅広く対応するものが多いのに対して日本語は両立する形式が少ない．たとえば，"吧"は可能性モダリティ，遂行的モダリティに対応するし，"要"は断定のモダリティ，可能性モダリティ，願望的モダリティ，表現的モダリティにかかわる．他方，中国語には，日本語に見られるような，対事的・対人的の両方のモダリティにかかわる形式「ね」「よ」に代表される情報所有のあり方にまで対応する形式はない．"啊"はオールマイティで，どんなタイプのモダリティにも用いられ得る．

　以上から，中国語のモダリティは基本的に語と発話の意味論的な意味に頼って表現されると言うことが許されよう．　　　　　　　　　　　　　　　　［張　　勤］

発展的課題

1.　以下の例文について各問いに答えなさい．
［例文］明天一定会下雨．〈あすはきっと雨が降るのだ．〉
　(1) この例文は命題（明天下雨．）をめぐる話し手の捉え方を表す対事的モダリティが際立っている．さまざまなコミュニケーションの場を想定して，［例文］にはどのような聞き手への働きかけや態度を表す対人的モダリティがありうるか，を考えてみよう．
　(2) ［例文］を，聞き手のいない日記や独り言の一文としてみよう．この場合，［例文］にはどのような対事的モダリティと対人的モダリティがありうるか，またはありえないか，を考えてみよう．さらに聞き手がいる場合のそれとの違いについても分析してみよう．

【参考文献】
日本語記述文法研究会（2003）『現代日本語文法4　第8部モダリティ』くろしお出版．
宮崎和人・安達太郎・野田春美・高梨信乃（2002）『新日本文法選書4　モダリティ』くろしお出版．
彭利贞（2007）『现代汉语情态研究』中国社会科学出版社．

9 比較文

9.1 はじめに

　目の前にモノが二つある．すると，我々はその関係を考えようとする．人ならば二人は同僚か，友だちか，恋人同士か，夫婦か，などというように．もう一つの発想は二つを見比べること．そこから，この二つは同じモノだとか，違うモノだとかと認定する．同じではないがよく似ている，ということもある．あるいは，こちらが大きいとか，小さいとか，モノを見比べて，そこからある結果を認定しようとする．これらはきわめて自然な反応ゆえ，どのような言語でも行われるものであろう．そして，それによって特定の文型が生み出される．これが「比較文」である．

　比べるのはモノに限らない．「彼は僕より歩くのが速い」といった場合は行為を比べており，「今日は昨日より寒い」なら時間的な比較である．「今までで一番うれしい」などという場合は，これまでのあらゆる喜びを比較しているということになる．

9.2 比較文のタイプ

　中国語の比較文にはどのような文タイプがあるのかをまず概観する．対外漢語教育の進展にともない，最近では以下のような文型が「比較文」の範疇に入っている．以前と比べると，その範囲が広がっているように思える．

(1)　"跟"構文（〈～と同じ〉，または，〈～と違う〉の意を表す）
　　这张相片跟那张相片一样。　〈この写真はその写真と同じだ．〉
　　这本书跟那本书一样厚。　　〈この本はその本と同じ厚さだ．〉
　　他的相机跟我的不同。　　　〈彼のカメラは僕のと違う．〉
(2)　"像"構文（〈～に似ている〉の意を表す）
　　他像他爸爸。　　　　　　　〈彼は父親似だ．〉
　　她像她妈妈那么文静。　　　〈彼女は母親に似ておしとやかだ．〉

(3) "比"構文（〈～と比べて〉の差異を表す）
　　这个房间比那个房间大。　〈この部屋はあの部屋より広い．〉
　　他比我高。　　　　　　　〈彼は私より背が高い．〉
　　他比我大三岁。　　　　　〈彼は私より３つ年上だ．〉
(4) "有"構文（〈～ぐらい〉〈同等である〉の意を表す）
　　他有你高。　　　　　　　〈彼は君ぐらいの背の高さだ．〉
　　我妹妹有我这么高。　　　〈妹は私ぐらいの背の高さだ．〉
　　这本书有那本那么厚。　　〈この本はあの本ぐらいの厚さがある．〉
(5) "不如"構文（〈～に如かず〉の意を表す）
　　这件衣服不如那件。　　　　　　〈この服よりもあの服のほうがいい．〉
　　这件衣服不如那件那么合身。　〈この服よりもあの服のほうがぴったりだ．〉
(6) "越～越～"構文（〈ますます〉の意を表す）
　　我们的生活越来越好。　〈私たちの暮らしはますます良くなってきた．〉
　　天气越来越冷了。　　　〈ますます寒くなってきた．〉
(7) "～比～"構文（〈日増しに〉〈年ごとに〉などの意を表す）
　　一天比一天好。　　　　　〈日増しに良くなる．〉
　　农民收入一年比一年增加。〈農民の収入は年を追う毎に増えた．〉
(8) "最"構文（〈最も〉〈一番〉の意を表す）
　　这是最重要的问题。　　〈これは最も重要な問題です．〉
　　这些天以来，今天最冷。〈最近では今日が一番寒い．〉

9.3　比較文と副詞

　形容詞は本来，ある基準値を上回っているからこそ，その語が使われる．「大きい」といえば，その類としては標準より大きいということである．つまり，他よりも突出している，その意味では，あらゆる形容詞が比較級であるといえる．特に，中国語では"这个大"といえば，〈これは大きい〉という意味ではなく，〈こっちのほうがより大きい〉という，いわば比較対照した場合の意味を表す．形容詞が単独で述語になっている肯定文は，意味的には「比較文」である．普通は"这个大，那个小."〈こっちは大きくて，あちらは小さい．〉のように対比文にしてはじめて安定する．

　比較対照の意味を消し去るには，副詞"很"を導入し，"这个很大."とする必要がある．"很"は本来〈とても〉という意であるが，この場合は軽く読まれ，〈と

ても〉の意を積極的には表さず，もっぱら比較対照の意味合いを払拭するのに用いられる．すなわち，この"很"は，他の明示的な比較の対象を想定しない，絶対的な評価を下す副詞である．明示的でないとは，「暗黙の基準」に照らして突出しているということを意味する．

以上のことから，中国語の比較文においては，程度の差異を表すのに，このような"很"や"非常""十分"などの副詞は用いられない．

*他比我很高。

*这本书比那本书非常厚。

これらの副詞は，絶対程度副詞と呼ばれ，比較文という意味の流れに適合しない．「比較」するという表現意図にかなう副詞は，〈（AはBよりも）さらに，もっと〉の意を表す副詞，すなわち"更"や"还"である．こちらは相対程度副詞と呼ばれる．

他比我更高。　〈彼は私よりさらに背が高い．〉

哥哥比我还笨。〈兄は僕よりなおのこと愚かだ．〉

どのぐらい高いのか，あるいはどのぐらい厚いのかを示すこともできる．それには述語形容詞の後に，「どのぐらい」を表す数量成分をおく．

他比我高一点儿。〈彼は私より少し背が高い．〉

他比我高三公分。〈彼は私より三センチ高い．〉

このとき，日本語では「すこし高い」や「ちょっと厚い」のように「少し」や「ちょっと」が前に来るが，中国語では補語として後に置かれる．補語とは「補う語」，補いは常に後から行われる．

同じく「ちょっと」でも，不都合な感じを表す〈ちょっと寒い〉のような場合は，"有点儿"を用いる．これは副詞であり，日本語と同じ語順になる．この"有点儿"も比較文には現れない．

有点儿冷。　〈少し寒い．〉

有点儿饿。　〈ちょっとお腹が空いた．〉

"他比我高一点儿。"などにおける数量フレーズ"一点儿"を差量補語と呼んでいるが，これを用いれば，さらに副詞による修飾を加えてはいけない．

*他比我更高三公分。

*这本书比那本书还厚一点儿。

これらには意味的な重複感がある．前に副詞，後ろに補語というように両方を用いるのではなく，どちらか一つで我慢すべきである．より一般化していえば，次

のように前に程度副詞で程度を強調し，後ろでさらに補語によって程度を強調することは非文となる．

  真好   好极了   *真好极了
  太高兴 高兴死了 *太高兴死了

"一天比一天"，"越来越"のタイプの比較文では，次のように副詞"更"，"还"も加えることができない．この理由も"一天比一天"あるいは"越来越"という形式が，すでに〈日増しに〉とか〈ますます〉という意を表しており，変化の増長を内包しているためであると考えられる．

  天气一天比一天热了． 〈日増しに熱くなってきた．〉
  *天气一天比一天更热了．〈日増しに更に熱くなってきた．〉

日本語との対比で，よく取り上げられる構文は〈私はミカンよりリンゴが好きだ〉という文の中国語訳である．これを文字通り直訳すると，次のようになろう．

  我比橘子喜欢苹果． 〈私はミカンよりリンゴが好きだ．〉

しかし，上記の文は奇妙な文である．この中国語では〈私とミカンを比べると，私のほうがリンゴを好む〉という意味になる．つまり，日本語では，「ミカンとリンゴ」を比較しているが，中国語のほうは「私とミカン」の比較になっている．敢えて中国語にすれば，

  比起橘子，我更喜欢苹果．〈ミカンと比べれば，リンゴのほうが一層好きだ．〉

というようになろう．しかし，日本語では「私はミカンが好き」という含意はないのに対して，中国語では「ミカンも好き」ということが前提になっている．

9.4　二つの否定——"不比"型と"没有"型

比較文においては否定の問題がもっとも厄介である．たとえば"比"構文における否定を考えてみる．

肯定形に対して，否定形は文法的には以下の (a) が対応するが，意味的には"没有"を使った (b) になる．文法形式と意味内容にズレがあるのである．

  肯定形： 他比你高．
  否定形：(a) 他不比你高．
      (b) 他没有你高．

したがって，教室などでは"比"構文の否定は次のように"比"を"没有"に変えよ，と教える．

  我的房间比你的大．〈僕の部屋は君のより広い．〉

→ 我的房间没有你的大。〈僕の部屋は君のほど広くない.〉

これで問題はないのだが，残るは"不比"型否定文の意味と用法ということになる．そこで"不比"型文が使われる典型的な文脈を見てみよう．

　　甲：您要什么？〈何をさしあげましょうか？〉
　　乙：请问，有中国红葡萄酒吗？〈中国赤ワインはありますか？〉
　　甲：没有了。您看，这种葡萄酒也很好，质量不比中国红葡萄酒差，价钱比那种便宜。
　　　〈売り切れました．こちらのワインもいいですよ．品質は中国赤ワインに劣りません．値段もお安くなっています．〉

いま仮に"比"構文に現れる比較項を次のように設定することとする．
　　A　这种葡萄酒　　〈店にあるワイン〉
　　B　中国红葡萄酒　〈中国赤ワイン，客の求めるワイン〉

Bの"中国红葡萄酒"は品質の良さで有名なブランド品であり，他方，Aは店に在庫として残っている名もないワインであるが，品質はBと同様，なかなか良いということにしよう．そうすると，次のように表せる．
　　B 很好
　　A 也好
　　A 和 B 都好

このような論理構造において，AとBを比較し，かつそれを"不比"型否定を使って表現すれば，次のようになる．
　　A 不比 B 差

ここで注意すべきは，論理構造において，AとBがともに"好"という同一性質を帯びていたのに対して"不比"型否定文では"好"の反対概念である"差"〈劣る，良くない〉が使われているという点である．すなわち，形容詞をXと表せば，上記の論理構造は，次のように書き換えられる．
　　B 很 X
　　A 也 X
　　A 和 B 都 X

ここから派生される"不比"型否定文は次のようになる．
　　A 不比 B～X

　　("～X"は，Xの否定概念〈反対概念をも含む〉を表す語とする.)

なお，この文において文末の形容詞"〜X"には否定辞"不"を伴った言語形式が生起することはありえないことから，実際には"〜X"は常に positive form, すなわち肯定形をとる．たとえば，Xが"好"であれば，〜Xは"差"，Xが"高"であれば〜Xは"矮"または"低"となる如くである．

もう一つ類似の例をあげることにしよう．

　　甲：日本物価很贵。〈日本は物価が高いねえ．〉
　　乙：可是，现在有的东西中国不比日本便宜。
　　　　〈でも，今じゃ物によっては中国も日本に比べ安くはないよ．〉

短いやりとりであるが，論理構造は先のワインの例と同じである．
　　B 很贵　　　　　　日本物价很贵。　　〈日本は物価が高い．〉
　　A 也贵　　　　　　中国物价也很贵。　　〈中国も物価が高い．〉
　　A 和 B 物价都贵　中国和日本物价都贵。〈中国と日本は物価がともに高い．〉
要するに，日本も中国も物価が高いことを言いたいのであり，さらに最も言いたいのは"中国物价也很贵。"〈中国も物価が高い．〉ということである．そして，このことを言うために，"不比"型否定が導入されるのである．

　　中国不比日本便宜。〈中国も日本に比べ安くはないよ．〉

ここで，すでに見たように，"贵"の反義語である"便宜"が使われている点を確認されたい．一方の「日本」(B)について「物価が高い」ということは前提である．それに対して，「中国」(A)だって同じように物価が高いということを言いたいのである．比較文であるから，必ずA・B二項が存在し，"A 不比 B"のBについて言い表されることが前提である．この前提は"A 不比 B〜X"から"BX"として簡単に求めることができる．"中国不比日本便宜"〈中国も日本に比べ安くはない〉とあれば，前提は"日本物价很贵"〈日本は物価が高い〉ということである．この前提は，必ずしもストレートな形で文の表面に出てくるとは限らない．たとえば，先の「中国赤ワイン」のケースでは，"中国红葡萄酒很好"〈中国赤ワインはいい〉という前提は表面には現れていない．ただし，"也"は同類を表すゆえ，"这种葡萄酒也很好"〈こちらのワインもいい〉という言い方に，その意味が十分に含まれている．そして「前提は否定されることはない」．

"不比"型文が現れる談話において，発話者は聞き手に対して一種の反論や反駁を試みていることが感じ取れる．ほとんどの場合，"不比"の前に，反駁を表す副詞"并"を挿入することができる．

这种葡萄酒质量并不比中国红葡萄酒差。
　　〈この葡萄酒の品質は中国赤ワインに決して劣りません．〉
　现在有的东西中国并不比日本便宜。
　　〈今では，物によっては中国も日本に比べ決して安くはない．〉
　反駁は，最も典型的には聞き手の思い込み，予想に対するものである．ワインの例では，「あなたはこのワインはよくないと思っている」，また物価の例では，「日本に比べ中国は物価が安いと思っている」ということに対する反論や反駁である．
　以下，いくつか実際の例文を見ることによって，"不比"型否定の意味合いを体得できる．

(1) 大陆演员的素质不比港台差。
　　　〈中国大陸の俳優の素質は香港・台湾にひけを取らない．〉
(2) 我觉得自己的工作能力尤其是外语水平不比研究生差。
　　　〈思うに，私の能力，なかでも外国語のレベルは，大学院生に劣っているわけではない．〉

　この 2 つの文は述語がともに"差"である．実際に用例を調べてみると"不比"型文では述語が"差"であるものが最も多いのではないかと思われるぐらいによく現れる．これは結局のところ，比較する 2 項が「どちらも"差"の反対＝優れている，良い」という場合である．かつ，そのような 2 項が「あまり差がない」ことを表すことから，日本語に訳す場合には「Ａ は Ｂ に勝るとも劣らない」となるのである．
　また，"不比"型文で感じられる反駁の語気は，次のような文では「話し手自身」の思い込みへの反論であると見なせる．

(3) 雅典市内包括公共汽车，有轨电车和地铁在内的所有交通工具被迫从早上 11 点至下午 5 点停运。不过，据记者在街头观察，8 日白天马路上的车并不比平时少，这大概是因为大多数市民都改驾私家车出行了。
　　　〈アテネ市内のバスやトロリーバス，地下鉄などのあらゆる交通機関は朝 11 時から午後 5 時まで運休のやむなきに到った．しかし，記者が街で観察したところ，8 日の昼，路上の自動車は平常にくらべ決して少なくはなかった．これはたぶん大多数の市民がマイカーで出勤したためであろう．〉

(3) は，「読者（すなわち，聞き手）もストの日は車が少ないと思ったでしょう」

という面と,「記者である私（すなわち,話し手）もそう予測した」という含意が感じられる．いわば,自分の予想や思い込みに対する反駁と言える．

以下の例は,上のものとはまた異なり,社会的通念に対する反論と言えよう．

(4) 但铜牌并<u>不比</u>金牌的成色差。
　　〈ただし,銅メダルの価値は金メダルに比べ低いというわけではない．〉
(5) 其实，60年代初,中国的计算机技术并<u>不比</u>日本等国差。
　　〈実のところ,60年代初頭,中国のコンピュータ技術は日本などの国々よりも劣っていたわけではない．〉

以上のように,"不比"型否定文は聞き手への反駁に限らず,話し手自身の思い込みに対する反駁でもよいし,さらには話し手も聞き手も有する社会的常識や通念に対して「決してそんなことはない」という反駁の語気でもよいだろう．

[相原　茂]

発展的課題

1. 次の(1)においてはb.の(　)内の要素を省略しても意味は同じなのに,(2)ではb.の(　)内の要素を省略すると意味が変わってしまう．どのように変わってしまうのか考えてみよう．また,ほかにもさまざまな場合について省略できるかどうか調べてみよう．
(1) a. 北京的物价比东京的物价贵。〈北京の物価は東京の物価より高い．〉
　　b. 北京的物价比东京（的物价）贵。
(2) a. 我的爸爸比你的爸爸大。〈私の父はあなたのお父さんより年上だ．〉
　　b. 我的爸爸比你（的爸爸）大。

2. 上の例文(1a)(2a)の日本語の文においては,中国語の場合と同じく省略できるのか,あるいは,省略すると意味が変わってしまうのかどうか,考えてみよう．

【参考文献】
相原　茂（1992）「汉语比较句的两种否定形式："不比"型和"没有"型」『语言教学与研究』1992-3, 73-87。
吴福祥（2004）「试说"X不比Y·Z"的语用功能」『中国语文』2004-3, 32-41。

10 共　　　起

10.1 「共起」とは

「共起（collocation）」は『大辞林』（第三版）に次のように説明されている.

> 複数の言語現象が同一の発話・文・文脈などの言語的環境において生起すること.「しとしと」は「雨が降る」とは共起するが,「雪が降る」とは共起しないといえる. アメリカの言語学者ハリス（Z. S. Harris 1909～1992）の用語.

この「共起」は，中国語で"词语搭配"という（"搭配"と略す場合も多い）. すなわち，語と語の常用的な組み合わせの意で，通常，個々の語の意味から別の語の存在，また, 全体の意味が予想されることを指す．日本語で言うと，動詞「いななく」は「馬」と共起して，「馬がいななく」と表現される．「犬」や「猫」などを主語にとることはない．副詞「決して」は否定する意を表す「ない」と同時に使われる．このような共起情報によって，文や文脈において前後の意味が照応しあって，全体として統一のある表現となるわけである.

10.2 語彙的な共起

10.2.1 量詞と名詞との共起

中国語の数量詞はきわめて発達していて，人や動物，乗り物，机など，いずれにも個体数としての"量詞"を有している．また，個体として一定の量が把握できない場合でも，水のような液体で言えば，「コップ一杯」「グラス二杯」などというように，その数量を量ることができ，さらには，「二往復する」「ベルが4回鳴る」などというように，動きや作用も回数として数えることができる．このように，ある助数詞が特定の名詞や動詞と共起することは日本語と中国語で共通している（もちろん他の言語にも共通する場合が多い）.

　　一把椅子　〈椅子一脚〉
　　一把伞　　〈傘一本〉
　　一颗葡萄　〈葡萄一個〉

一颗红心　〈忠実な心〉
　　　两座城市　〈二つの都市〉
　　　三座山峰　〈山三つ〉
たとえば，椅子を数えるとき，中国語は"把"で，日本語は「脚」である．これはおそらく視点の違いによるものであって，中国人は椅子の背もたれに着目して，"把"つまり「握り」で数えるのに対して，日本では脚に着目して「脚」を用いるのであろう．

中国語では，抽象的な名詞にも次のような量詞との共起関係が見られる．
　　　一点儿勇气　〈少しの勇気〉
　　　一片掌声　　〈大きな拍手〉
　　　一串笑声　　〈連続する笑い声〉
　　　一丝希望　　〈微かな希望〉
　　　一脸幸福　　〈幸せいっぱいの顔〉
　　　一派谎言　　〈全くの嘘〉
　　　一抹微红　　〈ほんの少し赤い〉
この場合の数詞は"一"しか用いられない．

10.2.2　量詞と動詞・形容詞との共起

　量詞と名詞だけでなく，動詞や形容詞との共起も確認することができる．まず，動詞から見ることにする．

① 専用動量詞（動作の回数を専ら数えるもの）
　　　去一趟东京　　〈東京に行ってくる〉
　　　听一次演讲　　〈講演を聴く〉
　　　打一场球赛　　〈球技の試合をする〉
　　　被老师训了一顿　〈先生に叱られた〉
　　　讨论了一番　　〈討論した〉
　　　吓了一跳　　　〈びっくりした〉
② 借用動量詞（その動作・行為を行うための道具や体の一部を借りて動量詞とするもの）
　　　看了一眼　〈チラッと見た〉
　　　踢了一脚　〈ポーンと蹴った〉

打了一拳　〈げんこつでガツンとなぐった〉
切了一刀　〈ナイフでスパッと切った〉

中国語では，①のような「東京に行ってくる」という場合，それがまとまった（一回性の）過程であることを，"一＋量詞"を必ず添えて表現する．同じく，②のような，一回性の動作を言い表す場合にも，"一＋量詞"という動量詞を添えて，動詞の表す意味を具体的に限定する働きをする．次に，形容詞について見てみよう．

① "一"＋量词＋形容词
　　一脸和气　　〈穏やかな表情〉
　　一阵沮丧　　〈がっかりした〉
　　一丝鱼肚白　〈ほのぼのと白み始めた〉
② 形容词＋"一"＋量词
　　乌黑一片　〈あたり一面暗い〉
　　好一点　　〈少し良い〉

形容詞では，"一＋量詞"が前に来る①のような場合と，後に来る②のような場合とがある．

10.2.3　名詞と形容詞との共起

日本語の「雨が強い」にあたる中国語は"雨很大"であり，「雨が弱い」に対しては"雨很小"である．霧の場合は，日本語では「霧が深い」「霧が濃い」（「深い／濃い霧」）と言い，中国語では"大"と共起して"雾很大"と言う一方，日本語と同じく"雾很浓"とも言う．もともと，日本語と中国語とがそれぞれ特有の言い方として「海が青い」"大海很蓝"，「高い山」"高山"という言い方があったと見られる一方，日本語は漢文の訓読を通して中国語の表現を大きく受けていることから，表現が借用された場合も多くある．たとえば，「霧が深い」という言い方は『源氏物語』橋姫に「霧の深ければ」と見え，古くから用いられていたと見られるのに対して，「霧が濃い」という言い方は漢語「濃霧」の訓読から生じたものと認められる．"雨"と"大"との関係で言えば，現代語では「おおあめ（大雨）」という熟語に中国語の痕跡が見られると言ってよい．このように，漢字の訓を媒介として，中国語に影響された言い方が見られることも留意してお

くべきである.

中国語で"力"について,すぐれていると表現する場合には"强""大"を用いるが,物を動かしたり持ち上げたりする体内の力を言う場合には,"力气很大"〈力が強い〉,"手劲很大"〈腕力が強い〉というように"大"で,能力について言う場合には"能力很强"〈能力が高い〉,"记忆力很强"〈記憶力がいい／優れている〉などというように"强"で言い表す.このように,対象となる語の意味の違いに応じて共起する語が異なることもある.このほか,注意すべき語を少し挙げれば,〈年が若い〉"年纪很轻",〈夏が暑い〉"夏天很热",〈生花〉"鲜花"というような日中の違いが見受けられる.

10.2.4 動詞と名詞との共起

"看"の後ろに"电影"〈映画〉,"球赛"〈球技試合〉,"小说"〈小説〉,"朋友"〈友

表 10.1 日本語の「開ける」「閉じる・閉める」と中国語の共起

	開ける		閉じる・閉める	
	日本語	中国語	日本語	中国語
口	口を開ける	张开嘴	口を閉じる	闭上嘴・合上嘴
目	目を開ける	睁开眼	目を閉じる	闭上眼・合上眼
本	本を開ける	打开书	本を閉じる	合上书
窓	窓を開ける	打开窗户	窓を閉める	关上窗户
カーテン	カーテンを開ける	拉开窗帘	カーテンを閉める	拉上窗帘
蓋	蓋を開ける	掀开盖子	蓋を閉める	盖上盖子
鍵	鍵を開ける	打开门	鍵を閉める	锁上门

表 10.2 日本語の「つくる」「する」

つくる		する	
日本語	中国語	日本語	中国語
野菜をつくる	种菜	先生をする	当老师
家をつくる	盖房子	トランプをする	打扑克
餃子をつくる	包饺子	手続きをする	办手续
友達をつくる	交朋友	サッカーをする	踢足球
映画をつくる	拍电影	恋愛をする	谈恋爱
子供をつくる	生孩子	あくびをする	打哈欠
メガネをつくる	配眼镜	耳打ちをする	咬耳朵

達〉という目的語を取るとき，英語では「see」「watch」「read」「visit」と訳される．また，中国語では同じ動詞"提高"を用いる"提高工资"〈賃金を引き上げる〉，"提高质量"〈品質を高める〉，"提高警惕"〈警戒心を強める〉に対応する日本語は，それぞれ〈引き上げる〉〈高める〉〈強める〉と表現される．

逆に，表 10.1, 10.2 のように，日本語は同じ動詞だが，目的語となる名詞によって，中国語に訳す場合にはそれぞれ違う動詞と共起する場合もある．

"盖房子"〈家をつくる/建てる〉の"盖"には「ふた」という意味のほかに，「建てる」の意味もある．"谈恋爱"〈恋愛する〉の"谈"は〈話し合う，語る〉意で，"恋愛"をすることは〈語り合う〉ことが重要だからであろう．"配眼镜"は〈眼鏡をあつらえる〉，"配"には〈程よく取り合わせる〉の意味がある．ただし，"咬耳朵"〈耳打ちをする〉は，耳にかみつくではない（これについては後述参照）．

また，「眉目秀麗」というように，中国語では"眉"と"目"を用いて"有眉目了"〈目鼻がついた〉と言うが，これを日本語では「目鼻がつく」と言い表して「目」と「鼻」とが共起するという現象も見られる．

10.2.5　逸脱した表現（超常搭配）

"水"と"喝"〈飲む〉とが共起する"喝矿泉水"〈ミネラルウォーターを飲む〉という表現には何ら問題がない．しかし，"他喝过很多墨水"〈彼は学校生活が長くて，知識が豊かだ〉という表現に見られる"喝墨水"〈（墨汁を飲む意から）学校で読み書きを習う〉となると，文字通りの意味ではなく，転じた意味で用いられた言い方である．これら一見非常識的な，独特な表現も多く存在している．これらは，論理的には通じないが，物事の名称や社会習慣などが，習わしとして次第に定着して常用的な表現になってきたものである．これらは慣用句，慣用表現などと呼ばれる場合がある（コラム⑥参照）．

10.3　文法的な共起

10.3.1　呼応関係と共起

日本語の〈決して～ない〉〈きっと～だろう〉，中国語の"已经/都～了"〈すでに～だ〉，"曾～过"〈かつて～たことがある〉など，副詞と助詞が呼応する場合がある．

　　"已经/都 8 点了，快起床吧．"　〈すでに 8 時だ，早く起きなさい〉

　　"他早年曾到英国留过学．"　　〈彼は若い時，イギリスに留学したことがある〉

日本語の例で言えば，否定・推量などの文末のモダリティーと，中国語の場合

では"了""过"などのアスペクト助詞と呼応している．前者のような，否定や推量などと呼応する副詞は中国語にはほとんどない．あえてあげれば，"并"が否定文によく用いられるくらいである．

　"这件事他并不知道．"〈このことを彼は決して知らなかった〉

後者のような，アスペクトとかかわる副詞も，日本語には多く見られる．

　《直前》いまにも　　［例］今にも雨が降りそうだ．
　《開始》まず　　　　［例］まず第一章から読み始めた．
　《継続》ずっと　　　［例］ずっと寝ている．
　《完了》すでに　　　［例］すでに会社を出た．
　《未完了》まだ　　　［例］まだ家に帰っていない．

また，副詞"很"は形容詞の肯定文によく用いられるということもある．

　雨很大．〈雨が強い．〉

このような呼応の関係はすべて共起関係であると言える．このほか，文法上にはさまざまな共起関係が見られるが，ここでは中国語の複文における場合に関して重点的に紹介しておく．

10.3.2　複文の種類から見た共起関係

文の意味関係に対応して，複文において，前件の語句が後件の語句と呼応する場合が多く見られる．以下，意味関係に分類して語例を列挙することにする．

(1) 並立関係

　① 並列関係

　　　有的是新杂志，有的是旧杂志。
　　　　〈新しい雑誌もあれば，古い雑誌もある．〉
　　　他又会汉语，又会英语。〈彼は中国語もできるし，英語もできる．〉
　　　爸爸一边喝酒，一边看棒球赛。
　　　　〈父はお酒を飲みながら，野球の試合を見ている．〉

　② 序列関係

　　　你先选好题目，然后再考虑怎么写。
　　　　〈まずテーマを決めて，それからどう書くかを考えよう．〉

　③ 選択関係

　　　或者你去，或者他去。〈あなたが行くか，あるいは彼が行く．〉
　　　要么你唱，要么她唱，反正得有一个人唱。

〈あなたが歌うか，それとも彼女が歌うか，どちらにしろ一人が歌わなければならない．〉

那本辞典不是哥哥的，就是弟弟的。
　〈あの辞書はお兄さんのではなければ，弟さんのだ．〉

与其让她骑车去，不如我开车去好。
　〈彼女に自転車で行ってもらうより，むしろ私が車で行くほうがよい．〉

宁可挨饿，也要减肥。〈腹をすかせてでも，ダイエットをしたい．〉

④ 累加関係

不但他会说英语，而且他姐姐也会说英语。
　〈彼だけでなく，彼のお姉さんも英語が話せる．〉

我不仅看过这个电影，而且还看过原著。
　〈私はこの映画を見たばかりでなく，原作も読んだ．〉

(2) 主従関係

① 因果関係

因为他病了，所以昨天没来上课。
　〈彼は病気だから，昨日授業に来なかった．〉

由于今天是星期天，因此公园里的人很多。
　〈今日は日曜日だから，公園に人が多い．〉

② 逆接関係

虽然她还是个孩子，但是很懂事。
　〈彼女はまだ子供なのに，ものわかりがいい．〉

③ 仮定関係

如果有什么事，就给我打电话。
　〈もし用事があるなら，私に電話をください．〉

④ 条件関係

只要他去，钱就能拿到。〈彼さえ行けば，お金がもらえる．〉

只有他去，钱才能拿到。〈彼が行かなければ，お金がもらえない．〉

无论谁有困难，我们都应该帮助。
　〈たとえ誰に困難があろうと，私たちは助けるべきだ．〉

不管汉语多难学，都要坚持学下去。
　〈たとえいくら中国語が学びにくくても，続けて勉強しなければいけない．〉

⑤ 譲歩関係
   即使明天下雨，我也要去。　〈たとえ雨が降っても，行く．〉
   就是盛夏，大连也不太热。　〈真夏でも，大連はあまり暑くない．〉
   既然你这么想去，你就去吧。　〈そんなに行きたいなら，行きなさい．〉

[蘇　　紅]

発展的課題

1. 日本語の「食べる」の目的語は食べ物に限られるが，「食う」は「食わせる」「食らう」などの形とともに，食べ物以外の目的語とも共起する．下の語句を参考にして，どのような名詞と共起するか考えてみよう．

   冷や飯を食う．　　臭い飯を食う．　　大目玉を食らう．
   逆ねじを食わせる．　当て身を食わせる．
   ぴんたを食らう．　　小言を食らう．

2. 中国語の動詞"吃"は"吃药"〈薬を飲む〉とも言い，日本語の「食べる」よりも意味の範囲は広く，また，「食う」と遜色がないほど共起する語にバラエティがある．食べ物だけではなく，名詞以外にも，形容詞や動詞とも共起する．この"吃"について，下の語句を参考にして，さまざまな語と共起した場合の意味について調べてみよう．

   吃闲饭　　吃软饭　　吃小灶　　吃大锅饭　　吃紧
   吃喜糖　　吃鸭蛋　　吃醋　　　吃豆腐　　　吃香
   吃父母　　吃官司　　吃甜头　　吃苦头　　　吃请

【参考文献】
田野村忠温（2010）「日本語コーパスとコロケーション―辞書記述への応用の可能性―」『言語研究』**138**，1-23．
范颖睿（2007）「现代汉语词语"超常搭配"研究综述」『内蒙古师范大学学报（哲学社会科学版）』**51**。
刘焱（1999）「量词与形容词的搭配问题探讨」『汉语学习』1999-5, 60-63。
张国宪（1995）「现代汉语的动态形容词」『中国语文』1995-3, 63-71。
郑怀德・孟庆海（2003）『汉语形容词用法词典』商务印书馆．

11 敬　　　　語

11.1　はじめに

　日本語の敬語は一般的に，尊敬語，謙譲語，丁寧語に分けられている．中国語の敬語は主に前の2種類で，日本語の「です・ます」に相当するような丁寧語はなく，助動詞や補助動詞による敬語もない．構文による敬語の形式もきわめてわずかであり，呼称による敬語表現（人の呼び方）と接頭語によって尊敬・謙譲を表す程度で，語彙レベルの敬語と言ってよい．

　中国語の「敬語」は，封建的・階級的体制が消えるとともに変化が見られた．彭（2000）は中国語の"敬辞"に基づく敬語行動は，自己の卑下よりも相手に対する"尊辞"のほうが重要で，"謙辞"よりも長く持続したと述べている．輿水（1977）によれば，中国語敬語に比重の高いのは「呼称」であり，そして「呼称」以外に最も汎用性の高い敬語は"请"であると指摘した．鄭（2010）も敬称の"您"と"请"の高い使用率をあげている．

　中国語の敬語は，大きく次のように分けられる．
① 呼称に関わる　　　（人の呼び方）
② 言い換えによる　　（語彙的な手段によるタイプ）
③ 接辞を付ける　　　（接辞的な手段によるタイプ）
④ 構文に関わる　　　（構文的手段によるタイプ）

これらについて，日本語の敬語表現との異同を考えることにする．

11.2　呼称に関わる敬語表現

11.2.1　親族呼称

　中国語の敬語表現においては，人の呼び方が大きな比重を占める．それは人の呼び方が豊富に存在しているということばかりでなく，世代・身分などの人間関係に応じて厳しい使い分けが要求されているからである．現代では同級生・同僚・友人の間では姓名をそのまま呼び捨てにするが，自分より世代や身分が高い人を呼ぶ場合には，家父長制や身分制度など伝統的意識の影響もあって気を遣う必要

がある．したがって，まず人の呼び方を通して敬語表現を考えることにする．親族語彙の詳細については第13章に譲ることにして，ここでは呼称や人称代名詞を中心に扱うことにする．

　上の世代であればあるほど，家庭内での地位が高いという考えが一般に行われていて，親族関係にない人にも親族名称を用いて敬意が表される．たとえば，同じ町や村の人々が互いに"张大爷"〈張おじさん〉とか"李大嫂"〈李おねえさん〉というように呼び合っている．道をたずねるとき，"大爷，往车站怎么走啊？"〈おじさん，駅へはどう行きますか？〉とか，バスで高齢者に席を譲る時，"大娘，坐这儿吧．"〈おばさん，ここにお座りください．〉というような言い方をよくする．親族名称を親族以外の人に使う場合，一般に話し手の両親の世代（または自身の世代）を基準にして相手の世代を言い表すのが一般的である．相手に適切な名称を用いた場合には尊敬や親近の意を表すが，用いるべき名称より高い，あるいは低い名称を使うと，相手を恐れたり軽蔑したり，また，自分を高めたり卑下しすぎたりするニュアンスを伴うことになる．

　中国では適切な親族名称が使える子供は礼儀正しい子だと評価されるが，逆にうまく使えない子は礼儀を知らない，しつけが悪いと酷評される．子供が店にお菓子などを買いに行った場合"阿姨，请给我拿一盒口香糖．"〈おばさん，ガムください．〉というように，"阿姨"と呼べば，どんなに忙しくてもすぐにその子供にガムを出してくれる．子供たちもよくその呼称の働きを知っているのである．

　この親族名称の非親族への転用は日本語にも同じようなものがあるが，実際に使われる語数は少ない．「おばさん・おじさん・おねえさん・おにいさん」ぐらいであろう．しかも，年齢を基準にすることが多く，若ければ「おねえさん・おにいさん」，年をとっていれば「おばさん・おじさん」と呼ぶ．最近，日本では年が若く見られたいという心理から「おばあさん・おじいさん」はもとより，「おばさん・おじさん」とも呼ばれたくないという傾向が見られ，親族名称で呼びかけるよりも「すみません」「ちょっと」などで呼びかける方が多いようである．これは中国語の呼びかけ方と傾向が異なる．中国では"对不起"〈すみません〉などで人を呼びかけることはあまり見られない．それより人に声をかける時，呼称に工夫をこらすのが普通である．北京あたりでは"劳驾"〈ご迷惑をかける〉が使われているが，この言い方はおもに道をあけてもらったり何か手伝ってもらったりする時に用いられるもので，使用場面や地域が限られていて，日本語の「すみません」とは大きく異なる．

中日両国語の親族名称上の違いによって，翻訳にも時に問題が生じる．たとえば，入院中の子供が注射してくれる女性看護師に"护士阿姨，给我打轻点好吗？"〈看護婦さん，注射の時，軽く刺してね〉とよく言うが，この"护士阿姨"を「看護婦さん」と訳したのでは，子供の甘える気持ちを十分に表せない．「看護婦おばさん」と直訳するのも日本語の表現としては変になる．

子供が使う，職名に付ける言い方に"邮递员叔叔"〈郵便屋さん〉，"警察叔叔"〈おまわりさん〉などがある．また，魯迅の『祝福』の女主人公"祥林嫂"を「祥林の嫁さん」とそのまま訳すのも日本語としては不自然である．このような言い方は中国語の親族名称の特殊な用法で，"刘三姐"〈劉の三番目のおねえさん〉，"杜大叔"〈杜おじさん〉，"吴妈"〈吴おかあさん〉など，特定の人に固定した愛称（通称）として多く用いられている．

11.2.2 身分名称

社会は各階層の，それぞれ身分が違う人びとから構成されている．それに応じてお互いの呼び方も異なることになる．封建的身分制度が二千年以上続いてきた中国では，その階級や身分による呼び方の意識も心の中に深く根を下ろしている．したがって，社会主義になった現代でも官僚優位の観念が強く，社会生活の中で敬称に当たる身分名称が古来より頻繁に使われている．

たとえば，幹部である人を"老王"〈王さん〉，"老张同志"〈張さん〉と呼んだりすると，その人の機嫌を損ねることにもなる．本人は，"A 书记"〈A 書記長〉，"B 部长"〈B 部長（大臣）〉，"C 科长"〈C 課長〉というように呼ばれるのを喜び，自分を尊敬していると感じるのである．現在，役所・会社・学校などの職場内で職階や職名を表す名称などが広く用いられている．

(1) 職階による呼称
　　主任〈主任〉，厂长〈工場長〉，处长〈部長〉，科长〈課長〉，股长〈係長〉，校长〈校長・学長〉，部长〈部長・大臣〉，主席〈主席〉，总理〈総理〉，书记〈書記長〉，委员长〈委員長〉．
(2) 師弟関係による呼称
　　老师〈先生〉，师傅〈お師匠さん〉
(3) 姓（姓名）＋職階
　　张主任〈張主任〉

(4) 職名（人間関係による呼称を含む）+"同志"

　　"记者同志"〈記者さん〉（ただし，"同志"は"老师""师傅"には付かない）

　日本語では，職階にあまりこだわらないので「さん」を付ければよいことが多い．これに対して，中国語ではかなり厳しい使い分けがあることになる．

11.2.3　人称代名詞

　現代中国の共通語の人称代名詞で，敬語として用いられるものは"您"だけであるが，その使用頻度はかなり高い．

　　明天，您来吗？〈明日，いらっしゃいますか？〉

　上文の敬意は，日本語の言い方より低いという感じはしない．これに類似する言い方はいくらでもあげられる．

　　您请坐吧。　　　　〈どうぞ，おかけください．〉

　　经理，您的电话。〈社長，お電話です．〉

　これに関して，中国語の第二人称"您"に"老"あるいは"老人家"を，第三人称"他"に"老人家"を添えれば最高の敬語となる．

　　高叔叔，您老也来了。　　　〈高おじさま，あなたさまもおいでになられた．〉

　　让您老人家受苦了。　　　〈あなたさまにご苦労をおかけしまして．〉

　　周总理他老人家也来看我们了。〈周総理（あのお方）もお見舞いにいらっしゃった．〉

11.3　語の言い換えによる敬語表現

11.3.1　名詞の場合

(1) 爱人〈奥さん・ご主人・妻・夫〉，夫人〈夫人〉

　"老婆"〈女房〉は親しい友達・同僚の間で使う，くだけた言い方で，"爱人"は一般同僚，知り合いの間で最も多く用いられる．敬語でもなく，俗っぽくもない言い方である．"夫人"は目上の人や国家指導者の妻に対して使う言い方である．"爱人""夫人"の前には"您"が付くが，"老婆"の前には付かない．また，"老婆"が自分の妻を言う場合が多いのに対して，"夫人"は他人の妻に言う．"爱人"は自分の側にも他人側にも用いられる．これに対して，日本語では相手側を指す場合「奥さん」「奥様」，自分側を指す場合「妻」「女房」が使われる．

(2) "生日""寿辰""诞辰"〈誕生日〉

　"生日"は広く一般に用いられるのに対して，"寿辰"は特に高齢者に対して荘

重の場合に多く用いられ，"诞辰"は尊敬すべき人に対して使う．日本語における「誕生」に対する「生誕」に近い．

③ "年令""年纪""岁数"〈お年〉

　日本人の間では，女性たちの年齢を尋ねないのが礼儀であるという意識によって年齢に関する表現は抑制され，発達していない．これに対して，中国語では言い方がバラエティーに富んでいる．"年令"は，人間にも動物や植物にも使われる無色透明な語で，相手の年齢，身分を問わず事務的に年齢を尋ねる場合に使われる．高齢者に対しては"年纪""年岁""岁数""高寿"などが使われ，適切な言葉を用いれば，高齢者や目上の人に年齢を尋ねるのも失礼にはならない．

11.3.2　動詞の場合

　日本語には同じ意味で使われ，敬意の度合いが異なる動詞，たとえば「食べる—めしあがる」「行く—いらっしゃる」などのような関係が多く見られる．これに類するものは中国語には少なく，次に代表的な語をあげておく．

(1) "请"

　　请他讲话。〈彼に話をするよう頼む．〉
　　叫他讲话。〈彼に話をさせる．〉

　前者は敬語的表現となりうるが，後者は話し手が圧力をかけて無理に話をさせる意味となるから，敬語的表現とはならない．また，"叫医生"〈医者を呼ぶ〉よりも"请医生"〈医者に来ていただく〉の方が敬語的表現となる．

(2) "拜见"〈お会いする〉，"接见"〈接見する〉

　"会见"〈会見する〉は，外交上または公的な場で両国または両方の責任者などが平等に面会することをいう普通語である．他方，"拜见""接见"は敬語的である．"拜见"は主体を低める表現であり，"接见"は身分の高い人の行為を言う表現である．

(3) "逝世"〈おなくなりになる〉

　日本語で「死ぬ」に対する敬語は「なくなる」「おなくなりになる」「逝去される」など多数あるように，中国語でも忌むべき表現として婉曲に言い表す語が多くある．"去世"〈なくなる〉，"过世"〈なくなられる〉，"逝世"〈逝去される〉，"永别"〈永別する〉，"长眠"〈永眠する〉などがある．"长眠"は主に書面語に用いられるが，

後の4語は口頭でも書面でも用いられる．

11.4 接辞を付ける敬語表現

11.4.1 接頭辞を付ける

中国語の，接頭辞によって敬意を表す表現を次にあげておく．

(1) 尊敬

　　貴方〈そちら側〉，高見〈ご高見〉，大作〈貴著〉，尊姓〈ご名字〉，雅興〈ご興味〉，
　　賞光〈おいでくださる〉，光临〈ご来駕くださる〉，惠顾〈ご愛顧になる〉，

(2) 謙譲

　　拙著〈拙著〉，小弟〈(同輩に対して)私〉，拜托〈お願いする〉，奉陪〈お供する〉

　現代中国語に生きているものは，"貴""拜""奉"などいくつもなく，また，接頭辞というよりも全体として一語化しており，しかも，それらは書簡や公用文に用いられることが多い．たとえば，"貴"は"姓""国""校""公司""庚"など限られた名詞に接するだけである．"拜""奉"は，敬語だけでなく皮肉った場合に使われることも多く，使用場面も限られている．これに対して，日本語では「お」「おん」「ご」のように日常語でよく使われている語があり，中国語に比べると，接頭辞がかなり多用されていると言える．

11.4.2 接尾辞を付ける

　人を数える助数詞として"个""位"が用いられる．"个"は人のほか，動物や事物にも使えるのに対して"位"は尊敬すべき人にだけ使われる．たとえば，"一个小偷"〈一人の泥棒〉とは言えるが"一位小偷"とは言えない．"一个人"〈ある者〉とは言うが，"一位人"とは言わない．また，"位"は"这""那""哪""哪一"などに添えて，初対面の人を紹介したり，直接に尋ねたりする時によく用いられる．

　　这位是李老师。〈この方は李先生です．〉
　　您是哪一位？　〈どちらさまでしょうか？〉

"是""有"の後に来る場合もある．

　　真是位高明的医生。　　　　〈ほんとうに優れたお医者さんです．〉
　　从前有位画师，最爱画麒麟。〈昔，ある画家は麒麟を描くのが最も好きでした．〉
　　日本語には「さま・さん・くん・がた」など接尾辞が豊富であるのに対して，

中国語では接尾辞による敬語表現がかなり少ない．そのため，中国人の日本語学習者は「あなたは李明ですか？」というように，「さん」を欠いた非文を作ることがよくある．逆に，日本人の中国語学習者には"李明"のあとに「さん」を付けないと呼び捨てになって落ち着かないという人が多いようである．

11.5 構文的手段による敬語表現

戦前の中国語には，接辞的な手段による敬語表現と，語彙的な専用敬語，いわゆる"客套話"〈挨拶の時の決まり文句〉が多かったが，現代中国語には人の呼称と構文的な手段による敬語表現が広がっているように思われる．「文革」前には中国語の構文的手段による敬語表現はそれほど発達していなかったが，「文革」後は特に経済改革と対外開放以来，急速に発達してきた．その要因としては，文革前の人間関係は平等で親しみがこもっており，お互いにそれほど気を使わなくてもいい状況にあったが，文革後になると，人間関係は権力（人事権，財務権，物資権など）の力関係や，国家信頼から家族信頼への転換によって，お互いの親しみが減り，顧慮が必要な状態になったことがあげられよう．

中国語において丁寧度を高める用法をまとめると，次のようになる．

① 動詞"使""让""请"と代名詞によって授受関係を表す（前述参照）．
② 助動詞とその慣用型"是不是""能不能"などを用いる．
　　能不能请您给我们讲几句话？〈少しお話いただけませんか〉
③ 相手に押しつけるのを避けるために"我想""我觉得好像"などを用いる．
　　我想他可能不足故意的。〈彼はわざとやったのではないと思います．〉
④ 要求する表現の前に"可能的话"，または後ろに"好不好""好吗"などを用いて，言葉を和らげる．
　　可能的话，今天晚上请您来我家一趟。
　　　〈よければ，今晩家へいらっしゃってください．〉

11.6 おわりに

日中両国語における敬語表現の違いについて，次の三つの点を指摘してまとめとしたい．

① 中国語の接辞的な敬語表現は少ないだけでなく，汎用性が低い．
② 人称以外の語彙的敬語表現は中国語には少ないが，日本語には多い．

③ 日本語では尊敬語・謙譲語・丁寧語がそれぞれ発達しているが，現代中国語では尊敬語はあるが，丁寧語はなく，謙譲語は少ない．

[蘇　　紅]

発展的課題

1. 下記の文に含まれている敬語を指摘し，日本語に訳しなさい（一文に複数の敬語が含まれている場合もある）．
   （1）　您来了，快请进！
   （2）　请喝茶。
   （3）　欢迎光临！
   （4）　张主任，能不能请您过来一趟？
   （5）　我们都在期待您的大作出世。
   （6）　小弟不才，请多包涵。
   （7）　李叔叔来看望我们了。
   （8）　王先生今年贵庚？
   （9）　周总理今年诞辰116周年。
   （10）　日本首相今天接见了参加今年冬季奥运会的全体运动员。

2. 日本語の敬意はどのような方法でその高さを表現し分けているか，整理してみよう．

3. 日本語で「トイレ」を「お手洗い」「化粧室」などと婉曲に言い換えて，自らの品位を保った言い方をすることがある．中国語にも同じような言い方があるが，次の語（下線部）はどのような語を上品に言い換えたものか考えてみよう．
   （1）　爷爷年<u>走了</u>，永远不回来了。
   （2）　我去<u>方便</u>一下。
   （3）　这个月<u>例假</u>还没来。
   （4）　我俩就见了一面，我没和她<u>上床</u>。

【参考文献】
王鉄橋（1989）「現代中国語の敬語表現－日本語との比較－」『言語と文化』2．25-48．
興水　優（1977）「中国語における敬語」『岩波講座日本語　4．敬語』岩波書店．
鄭智惠（2010）「中国語ディベートの言語的資源の多用－丁寧度」『明海日本語』15．91-92．
彭国躍（2000）『近代中国語の敬語システム－陰陽文化認知モデル』白帝社．

12 日中同形語

12.1 日中同形語の定義

「日中同形語」とは何を指すかについては,「"日语借词"と古来中国語にある語（同じようにいえば日本における漢語借詞）とを合わせて, いずれがいずれを借用したかを問わず, 双方同じ漢字（簡体字は問わない）で表記されるものを同形語と呼ぶ」（大河内, 1992）とするのが一般的である. なかでも,「文化・経済・克服・普通」のような二字（もしくは三字以上）の字音語をさすが, それには, 日中で意味が同じである語もある一方, 意味が異なる場合もある. たとえば,「彼は高校の先生です.」をそのまま中国語に訳せば"他是高校的老師"となる. しかし, 中国語の"高校"は〈大学〉を意味するのに対して, 日本語の「高校」（「高等学校」の略）に〈大学〉の意味はない. このような同形異義である場合が特に問題となる.

日中同形語には, ふつう「山・人・大・小」など一字で音訓いずれにも使われるものは含まれない. また,「朝日」と"朝日",「手紙」と"手纸",「足跡」と"足迹",「引渡（し）」と"引渡"など, 日本語で訓読みするものも除外される. ただ, 同じ字形の訓読みの漢字語をも日中同形語と扱う立場もあり, ここでは字音語を主な対象とする一方, 訓読みの同形語にも若干触れることにする（ここでは, 日本語は「　」で, 中国語は"　"で囲んで示す）.

12.2 語 の 意 味

漢字には字形・字音・字義の三つの側面があるが, 字形が同じで, ともに字音を用いる語を比較するのであるから, 漢語の表す意味が専ら問題となる. 語の意味には, 中核的な語義がある一方, どのように使って文を作るか, 文のなかで主語になるか述語になるかという文法的意味がある. このような語義的意味と文法的意味はすべての語に備わっているが, さらに, 書き言葉か話し言葉か, 古めかしい言い方か現代的な言い方か, 男言葉か女言葉か（文体的意味）, 尊敬の意を帯びているか, 軽蔑の意を持っているか, それとも中立的か（待遇的意味）, ど

んなもの，いつの季節，どのような雰囲気を連想させるか（文化的意味）などの周辺的な意味を表す色彩的意味が意識される場合もある．

　紙幅の都合上，以下，語義的意味を中心に見ていくことにする．

$$
語の意味 \begin{cases} 語義的意味 \begin{cases} ① 本来の意味 \\ ② 基本的意味 \\ ③ 派生的意味 \end{cases} \\ 文法的意味 \begin{cases} ① 品詞的意味 \\ ② 統語的意味 \end{cases} \\ 色彩的意味 \begin{cases} ① 文体的意味 \\ ② 待遇的意味 \\ ③ 文化的意味 \end{cases} \end{cases}
$$

12.3　語義的意味から見た日中同形語

　語彙的意味において，関係ある2つの語の間は，大きく分けて，類義関係と反義関係に分けられる．日中同形語においては，語の構成要素が同じであることから，反義関係になる場合はなく，その多くは類義関係となる．ただし，「手紙」などのように，指す範囲が重なるのではなく，隣接するような場合も見られる．そこで，類義的関係をさらに分類して考察してみる．

12.3.1　等価的関係

　二つの言葉はほとんど重なり合う関係，つまり意味がほぼ一致する関係を持っている．ただ，詳しく見れば，語義的意味も文法的意義も色彩の意味も三者ともほぼ一致する場合（1）と，語義的意味はほぼ一致しているが，文法的意味，ニュアンスがなど色彩的意味が異なる場合（2）とがある．

(1)「空気」と"空气"

　日：① 地球の表面をおおう大気圏の下層部分を構成する無色透明の混合気体．窒素と酸素を主成分とし，微量の二酸化炭素・アルゴン・ヘリウムなどを含む．（例略）② その場の雰囲気．［例］気まずい～が流れる．（『明鏡国語辞典大第2版』，以下『明鏡2』と略す．）

　中：① 构成地球周围大气的气体，无色，无味，主要成分是氮气和氧气，还有极少量的氖，氦，氖，氩，氪，氙等稀有气体和水蒸气，二氧化碳等。（地球の周囲にある大気圏を構成する気体．無色，無味，窒素と酸素を主成分とし，

そのほかに微量のラドン，ヘリウム，ネオン，アルゴン，クリプトン，キセノンと水蒸気及び二酸化炭素が含まれている）②气氛（雰囲気）．(《现代汉语规范词典第2版》，以下《规范2》と略す．紙幅の関係で用例または一部の用例を略す．以下同．)

「空気」は19世紀半ば頃できた言葉で，オランダ語Lugtの訳語である．一方，中国では蘇東坡の文章に"空气"の用例が見え，道教でいう〈元気〉〈元始の気〉の意味であった．これは自然科学用語の「空気」とは関係ない．あるいは，日本で訳語を作るとき，参考もしくは利用したのかもしれないが，現代語においては，"空气"の基本的語義も比喩的語義も「空気」と全く同じであって，日本から借用したものであろう．

(2)「参考」と"参考"

日：[名] ①自分の考えを決めるための足しにすること（もの）．[例] 〜になる．〜人．②[研究や受験などのために]他人の書いた書物や教科書以外の書物などを見ること．[例] 〜書．〜文献．(『新明解国語辞典第7版』以下『新明解7』と略す．)

中：〔动〕在学习或研究问题时，参阅查考有关资料或参照有关事物．(学習や研究をするとき，関係資料を調べたり，関係事物を参照したりすること）[例] 这些建议仅供〜．（これらのアドバイスはご参考までに） 〜一下他们的做法。（彼らのやり方を参考にしてみる）(《规范2》)

「参考」は明治時代には動詞としても用いられており，現代語の「ご参考に」の使い方から見ても，動詞の意味や用法も残存している．しかし，日本語の「参考」は品詞として名詞だけであるのに対して，語彙的意味はほぼ同じである中国語"参考"は動詞である点で文法的意味が異なるのである．

12.3.2 包含関係

一方が他方を包摂する関係を言うが，語義の意味領域から見ると，大きく二つに分類される．一つは，意味の広さが一致してないから適用範囲が違う（3，4）．もう一つは，一方は一つの語義（基本的語義）しか持っていないが，他方は多数の語義を持っているのである．これは，片方には基本的語義から，具現化，抽象化，派生用法，比喩的用法などによる語義が生じたからである（5〜8）．中にはごく稀に，語義変化の流れで，語構造の異分析によって語義に差異が生じたものもある（9）．

(3)「番号」と"番号"

　　日：整理をするために（した，しるしに）順番に付ける数字．（『新明解7』）
　　中：按照兵种，任务和编制序列授予部队的名号。（兵隊の種類，任務及び編成序列などによって部隊に付けられた数字）（《现代汉语词典第6版》，以下《现汉6》と略す．）

「番号」の適用範囲は"番号"よりずっと広い．「番号」からは「電話番号」「郵便番号」などの造語が非常に多いが，"番号"からは"部队番号"しかない．意味から見れば，"番号"は「番号」の中のただの一部に過ぎない．

(4)「茶碗」と"茶碗"

　　日：湯茶を飲むための，また，飯を盛るための陶磁製の器．［もと，陶磁器製の器の総称．］（『明鏡2』）
　　中：喝茶用的碗。通常较饭碗小。（湯茶を飲むための器．普通はご飯を食べる御碗より小さい）（《规范2》）

"茶碗"は湯茶を飲むための器であるから，字義通りであれば，「茶碗」の意味領域はかなり狭い．しかし，これは用途から見た場合であって，製造・材料から見れば，また違ってくる．「茶碗」は陶磁器製に限られているが，"茶碗"はそれほど限定されてないようである．当然陶磁器のものがほとんどであるが，プラスチックや琺瑯などで作ったものにも用いられる．このように，用途から言えば，「茶碗」が"茶碗"を包摂するが，製造・材料から見ると，"茶碗"が「茶碗」を包摂するということになる．

(5)「教室」と"教室"

　　日：①学校などで授業を行う部屋．［例］大〜．②大学で，専攻科目ごとの研究組織．［例］日本文学〜．③技芸・技能・知識などを教える所．また，その組織．［例］書道〜．料理〜．（『明鏡2』）
　　中：学校里进行教学的房间。（学校で授業を行う部屋）（《现汉6》）

「教室」は語義のブランチを三つも有しているのに対して，"教室"は一つしかない．「教室」の②，③は基本的語義の①から派生したものであるが，"教室"にはこのような派生的語義が生じてない．この差異を了解していなければ，中国語の側からすると，「ピアノ教室」を「学校でピアノ（あるいは音楽など）の授業を行うために，ピアノを置いてある教室」と理解される．

(6)「読書」と"读书"

　　日：(名・自サ) 書物を読むこと．［例］〜家．〜三昧．［古くは「とくしょ」

とも］（『明鏡2』）
中：（动）① 看着书本，出声地或不出声地读。（本を見て，声を出してあるいは出さずに読むこと）② 指学习功课。（勉強のことを指す）③ 指上学。（学校に通うことを指す）（《现汉6》）

　　"读书"の語義①は「読書」と一致しているが，ほかに②，③という①から抽象化されて派生した語義も持っている．"读书"の語義は完全に「読書」を包摂している．

(7)「消毒」と"消毒"
　　日：感染を予防するため，薬品・高熱・紫外線などによって病原菌を殺すこと．［例］傷口を〜する．〜薬．（『明鏡2』）
　　中：① 用物理，化学或生物学等方法杀灭或清除病原体，以防止人，畜疾病和植物病害的传染。（人や動植物に病害を与える病原体を物理，化学あるいは生物学などの方法で消滅すること）② 比喻清除坏影响。（悪い影響を消すことの喩え）（《规范2》）

　　"消毒"の基本的語義は「消毒」と全く同じであるが，この他に比喩的な語義②をも持っている．さらに，この語からは中国における政治運動や思想批判などが連想させられ，文化的語義が付与されていることがわかる．

(8)「訪問」と"访问"
　　日：［用事・挨拶などのために］目当てとする人の家［居る所］に行くこと．また行ってその当人に会うこと．（例略）（『新明解7』）
　　中：① 有目的地去探望人并跟他交谈。（目的を持って人と面会し話すこと）（例略）② 指进入计算机网络，在网络上浏览信息，查阅资料。（インターネットを利用し，ネット上で情報を見たり，資料を調べたりすること）（《现汉6》）

　　語義の上で"访问"は派生義も有って，「訪問」を包摂すると言えるが，基本的意味だけ見ると，「訪問」の意味は"访问"より広い．挨拶・慰問・見舞いのため，目当てとする人の家［居る所］に行くことは「訪問」と言ってよいが，"访问"とは言えない．すなわち，基本的語義だけ見れば，「訪問」は"访问"を包摂すると言ってよい．一方，"访问"②は新しく派生した意味で，「訪問」には有してない．

　　以上のように，包含関係とは言っても，いろいろなケースが認められる．

12.3.3　共通関係

両方の語がそれぞれの一部分において重なり合う関係を言う．

(9)「発展」と"发展"

　　日：(名・自サ)①物事の勢いや力がのびひろがること．(例略)②より進んだ段階に移ること．(例略)③異性関係などが盛んであることを冷やかしていう語．[例]〜家．(『明鏡2』)

　　中：(动)①事物由小到大，由简单到复杂，由低级到高级的变化。(物事が小さい方から大きい方へ，簡単な方から複雑な方へ，低いレベルから高いレベルへの変化)②扩大(组织，规模等)。(組織や規模を拡大すること)[例]〜党的组织。(共産党の組織を拡大する)③为扩大组织而吸收新的成员。(組織を拡大するために新しい成員を吸収すること)[例]〜新党员。(新しい共産党員を吸収する)(《现汉6》)

「発展」の①，②と"发展"の①とは，一応対応しているもので，この語の基本的意味であると見られる．「発展」の③と"发展"の②，③とは，それぞれ派生した語義ということになる．

(10)「活動」と"活动"

　　日：①活発に動くこと．活発に働くこと．[例]火山が〜を始めた．政治[クラブ・ボランテイア]〜．②「活動写真」の略．(『明鏡2』)

　　中：①(肢体)动弹，运动。(体を動かす，運動すること)②为某种目的而行动。(ある目的を達成するために動くこと)③动摇，不稳定。(動いている，安定していない)④灵活，不固定。(固定していない，自由に組立できる)⑤为达到某种目的而采取的行动。(ある目的を達成するために取られた行動)⑥指钻营，说情，行贿。(人に取り入ること，情を求めること，賄賂を贈ることなどを指す)(《现汉6》)

両者を比べると，説明のしかたも，語義項目の分け方もかなり異なるが，〈動く(動かす)〉という基本的語義は共通している．「活」(「就活・婚活」の類)が熟語「活動」の略として用いられるのは独特であるが，"活动"は具体化したり特定したりして，他にも多くの語義を派生させている．

12.3.4　隣接的関係

ここで言う「隣接的関係」は，意味領域は重ならないが，両者が非常に近い関係にある場合を指すことにする．これには，合成された語同士の間に共通した意

味を持っているものもあれば (12), 現代語として共時的に見れば, 全くかけ離れた意味を持っているものもある (13〜15).
(11)「医院」と"医院"
　日：個人の開業医が経営する診療所（に付ける名称) [ベッド数 20 以上は「病院」. 19 以下もしくは 0 は「診療所」という]（『新明解7』）
　中：以诊断, 治疗和护理病人为主要任务, 并设有住院病房的医疗机构。也兼做健康检查, 疾病预防等工作。（診察, 治療と看護を主な任務とし, しかも入院設備を持っている医療機構. 同時に健康診査や病気予防等のこともする）(《規范2》)
　日本「医療法」と中国《医院分級管理標準》によれば, 次の表のようになる.

表 12.1　医院の法律的な違い

日本語	中国語	経営主体	ベッド数	備　考
医院	诊所	個人	0〜19	法的名称は「診療所」と称する
病院	医院	非個人	20 以上	

〈診察治療を行う所〉という点から見れば,「医院」"医院"は同じ意味であるが, 経営主体や施設の規模などは異なるのである.
(12)「手紙」と"手纸"
　日：他人に送る通信文. 特に封書.（『新明解7』）
　中：解手时使用的纸。（トイレットペーパー）(《现汉6》)
　語構造上「手紙」"手纸"ともに「紙」を含み, それが〈紙〉を意味しているという共通性が見られる. しかし,「手紙」は〈要件などを手で書いた紙〉, "手纸"は〈用を足すのに手に持つ紙〉であって, 同じく〈手〉が〈紙〉を修飾するものの, 動作の目的が異なるため, 違う意味となっている.
(13)「看病」と"看病"
　日：（名・他サ）病人の世話をすること. 看護.（『新明解7』）
　中：（动）①（医生）给人或动物治病。（医者が人や動物を診療すること) ②找医生治病, 就诊。（医者に見てもらうこと）(《现汉6》)
　「看病」の「看」は〈見守る, 世話する〉,「病」は〈病人〉という意味で, [動詞＋目的語]の関係にある. "看病"の"看"と"病"も同じく [動詞＋目的語]の関係になっているが, "病"は〈病気〉, "看"は〈診断・治療をする（してもらう)〉の意味である. 日中で文法的意味はほぼ同じであるが, それぞれの造語要素の意

味が異なるため，熟語としての意味も異なるのである．
(14)「合同」と"合同"
  日：① 二つ以上の組織・団体などが一つにまとまること．また一つにまとめること．［例］全学年〜の音楽会．〜庁舎．② 数学で，二つの図形の形と大きさが全く同じであること．（『明鏡2』）
  中：为共同办理某事，当事人双方或数方依法订立的有关民事权利和义务关系的协议．对当事人具有法律约束力．（ある事を共同で処理するため，両方あるいは多数の当事者が法律によって民事権利と義務関係を決める合意書．当事者に対しては法的束縛力がある）（《规范2》）

昔は「和気合同」という意味で使われていたが，共時的に現代語を見れば，その意味は両国とも変わってきて，同形異義語と見なしてもおかしくない．

[顧　令儀]

発展的課題

1. 国語辞典と中国語辞典（あるいは中国語辞典）を利用して，次の各組の意味の違いについて調べてみよう．
   ①「同窓」と"同窗"　②「親友」と"亲友"
   ③「検討」と"检讨"　④「保険」と"保险"
   ⑤「単純」と"单纯"　⑥「高校」と"高校"
   ⑦「老婆」と"老婆"　⑧「質問」と"质问"
   ⑨「緊張」と"紧张"　⑩「邪魔」と"邪魔"

2. 日本語の「紹介」「期日」は中国語で"介绍""日期"となるように，日中で同形ではないが，同じ字が順序を異にして用いられている場合がある．そのようなペアを調べ，意味の異同についてまとめてみよう．

【参考文献】
荒屋　勧（1983）「日中同形語」『大東文化大学紀要　人文科学』21号．
大河内康憲（1992）「日本語と中国語の同形語」『日本語と中国語の対照研究論文集　下』くろしお出版．
国広哲彌（1982）『意味論の方法』大修館書店．
国立国語研究所（1965）『国立国語研究所報告28　類義語の研究』国立国語研究所．
顧明耀（1991）「日中同形同義語の相違点」『外国語教育論集』筑波大学外国語センター **13**，157-174．

■ コラム⑦　　日中語彙小史

1. 漢語の日本への伝来　　漢字が日本に伝来して，日本でも漢文が用いられるようになると，日本固有の語，すなわち和語を訓としてあてる一方，漢字の発音のまま語として（多くは体言として）借用されることとなった．こうして，日本語の中には中国語からの借用語である漢語が次第に増えていき，なかには，本来は中国語でありながら，日本固有の語のように意識されたり（非道→ひどく），その逆に，日本固有語でありながら，漢語のように理解されたり（目だうな→面倒な），さらには日本で独自に作り出された字音語（心配・出張・見物）も生じるなど，漢語は日本語の中に融け込んでいった．そのため，その漢語が中国語本来の意味を保つものもある一方，日本語特有の意味用法を有する語も数多く生じた．

2. 近代中国における新漢語　　西洋の文物が舶来し，新たな思想や技術などを受け入れていく過程で，西洋の概念を漢語で訳出することが行われた．このような漢語を特に新漢語と呼ぶ．

　中国では，17世紀以降，マテオ・リッチなどカトリック系の宣教師による漢訳洋書から「地球・幾何・対数・顕微鏡」などの天文・地理・数学関係の漢語が用いられるようになった．また，科学全般にわたって扱った数少ない書物の一つであるR. ホブソン（合信）『博物新編』（1855年）から「電気」，国際法に関して解説したW. マーティン（丁韙良）訳『万国公法』（1864または1865年）から「権利・外交・内務・自治・実権」などの語が使われ出した．さらに，1862年に教育機構・外国語翻訳機構として設立された同文館から出版された『格物入門』（1868年）には「火力・鉄道・通信・電力・電報」などの語彙が散見されるなど，中国近代化の過程で新漢語はその量を増していった．このような新漢語を日本にも広めたのは漢訳洋書と英華字典であるが，後者について，その主なものをあげると次のとおりである．

　　A Dictionary of the Chinene language, part Ⅲ（R. モリソン（馬礼遜），1822）

　　An English and Chinese Vocabularyin Court Dialect（W. ウィリアムス（衛三畏），1844）

　　English and Chinese Dictionary（W. H. メドハースト（麦都思），1848）

　　English and Chinese Dictionary,with Punti and Mandarin Pronunciation（W. ロブシャイド（羅存徳），1866～69）

Vocabulary and Handbook of the Chinese Language（J. ドーリットル（盧公明），1872）

なかでも，ロプシャイドの『英華字典』はそれまでの英華字典を集大成したものであり，この種のものでは最大規模を誇っている．この辞書は日本で二度翻刻が行われ，「銀行・保険・原理・宣伝・恋愛」などが日本でも用いられることとなった．

3. 日本の新漢語　日本で独自に漢語を訳語として作り出したのは，杉田玄白ら著『解体新書』(1774年) に始まる．「解剖・盲腸・軟骨・十二指腸・神経」など，オランダ語を通して入ってきた西洋の概念に対応させるために，漢文訳を通して新たに漢語を創出した．そして，幕末・明治初年になると，さらに翻訳語が必要とされて，中国で出版された漢訳洋書や英華字典から新漢語を借用することとなった．漢文の高い素養を持つ日本の知識人たちはそれらに基づき，西洋の新しい概念を表す中国語をそのまま日本語に取り込んだのである．すでに訳語として完成度の高い語であったこともあり，西洋の理解はしっかりと的確に，そしてスピーディーに進捗することとなり，日本の近代化に大きく寄与した．

他方，借用するのではなく，日本で新たに考案された訳語も少なくない．旧来の漢語を用いて新しい概念にあてることもしばしば行われ，「経済・社会・文化・宗教・観念・福祉」のように中国古典語を用いて訳語としたものがある一方，新たに作り出された語も多くある．「哲学・抽象・範疇・感性・理想」などがそれである．

4. 日本語から中国への借用　日清戦争 (1894-5) 後，中国では積極的に日本の情報を得ようとした．そのため，多くの中国人が日本に留学し，日本語の翻訳を通して中国に新たな知がもたらされた．それらは，中国の新聞・雑誌，教科書，専門用語集などに，日本の漢語がそのまま使われるという形で借用された．現代中国における日本からの借用語は1000語ほどであると言われるが，それら「生産・主義・知識・階級・自然・幹部」などが基本的常用的な語彙であるという事実は，中国の近代化を言語の側面から直接に支えてきたことを雄弁に物語っている．外来語一般に言えるように，言葉は軽々と国家や民族を越える．そして，それを用いる言語社会に育まれて，それぞれの文化に彩られた装いを見せる．

[沖森卓也]

13 親族語彙

13.1 対応しない日中親族語彙

　血縁や婚姻によってつながる人間関係を表す語彙を親族語彙という．このうち，その人に直接に呼かけるときの言い方，たとえば母親に呼びかけるときの「おかあさん」「ママ」などの語を親族呼称と言い，その人について言及するときの言い方，たとえば「母」などの語を親族名称と言う．親族名称はそのままでは呼びかける場合には用いられないことが多い．

　親族語彙は方言や時代によって，また社会階級によってもかなり異なっている．それは，日本語だけでなく，中国語でも同じである．たとえば，中国語で〈おかあさん〉は"妈妈"のほか，"妈""老妈""阿妈"など人によってさまざまな言い方をする．本章では，日中両国の共通語を中心に比較することにする．図13.1は，日本語と中国語の親族呼称を対照したものである．

　両国語を比較してみると，中国語の親族呼称は日本語よりかなり複雑である．〈祖父〉に対して呼びかける時に，日本語では父方も母方も区別なく「おじいさん」と言うことができるが，中国語では"爷爷"〈父方の祖父〉と"姥爷・外公"〈母方の祖父〉に区別して用いられる．また，〈おば〉についても，中国では"大妈""婶子""姑妈"〈父方の叔母〉，"姨妈"〈母方の伯母〉，"舅妈"〈母方の叔母〉と言い分けている．このように，親族呼称に関して日本語と中国語は一対一で対応しないのである．

　次に「親族名称」について見ると，図13.2のように，同じ現象が見られる．

　日本では「おばあさん」を言及するとき，父方も母方も同じく「祖母」と言うが，中国の場合は"祖母"〈父方の祖母〉"外祖母"〈母方の祖母〉で分かれている．すると，中国語"这是我外祖母给我的"を日本語に訳すときは，中国人であればそのまま「これは祖母からの物です」と訳せないのである．

　このような親族語彙の体系的差異を，文化的な違い，言及する立場の違い，および社会的使い方の違いという三つの角度から見てみる．

第13章 親族語彙

図13.1 親族呼称

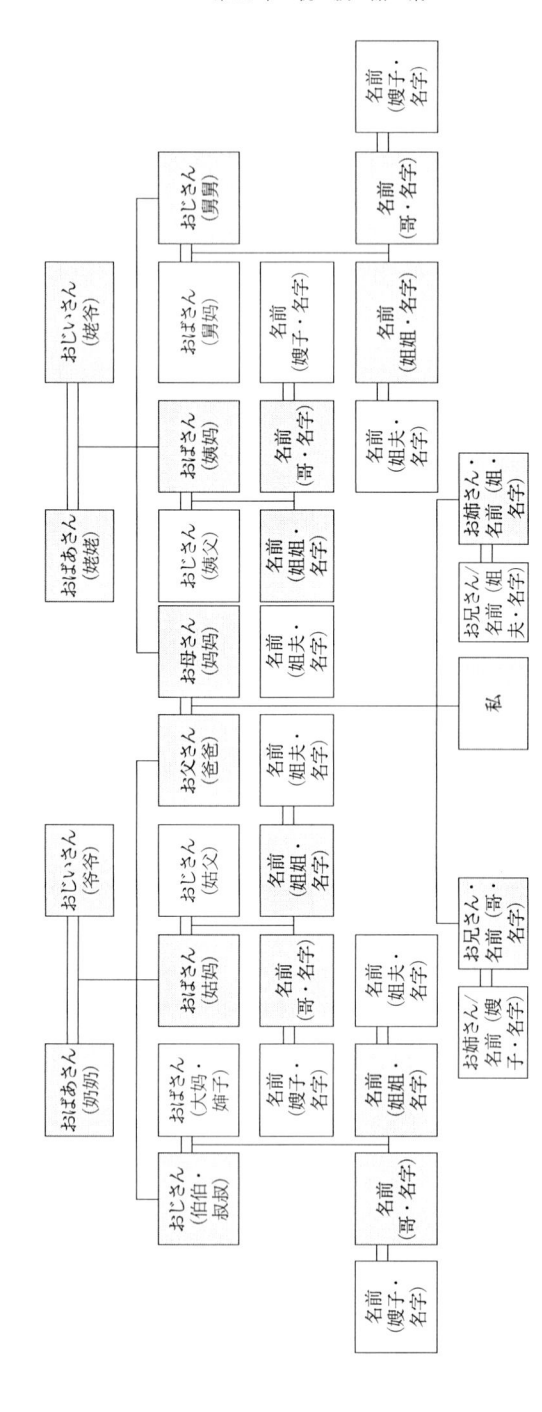

日本語では、「名前」を呼ぶ場合、後ろに「さん」を付ける。中国語では、基準となる人の年上・年下の場合の言い方を並記してある。

13.1 対応しない日中親族語彙

図 13, 2 親族名称

中国語では、基準となる人より年上・年下の場合の言い方を並記してある。

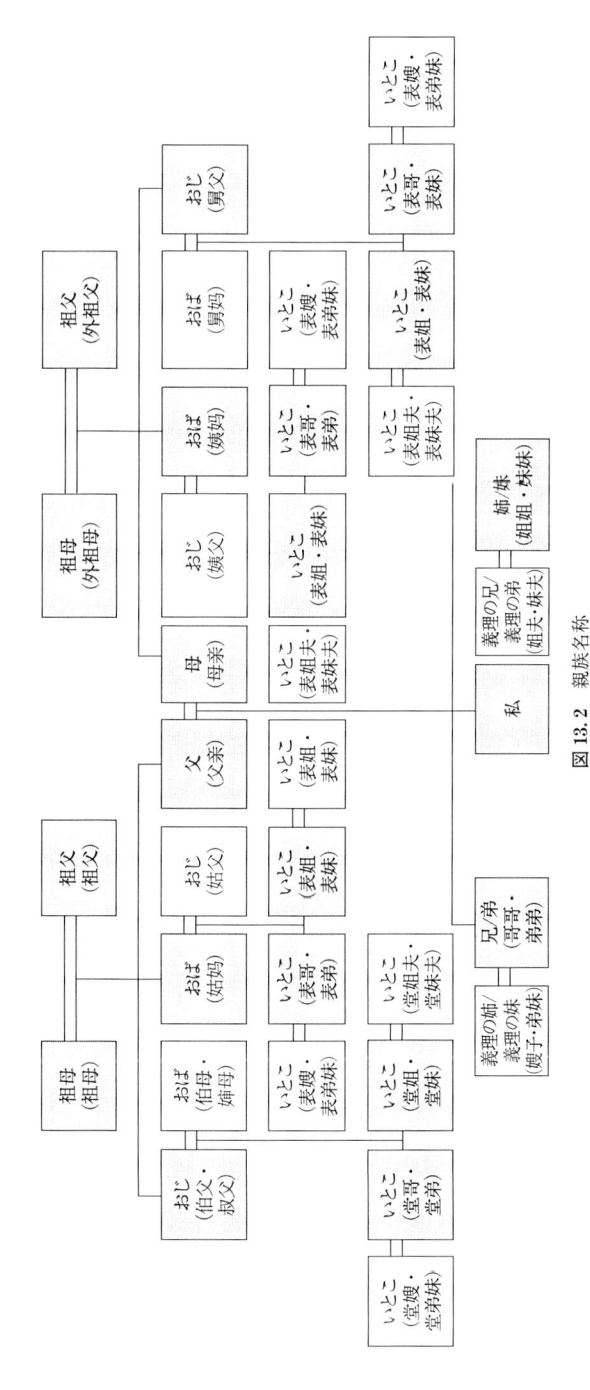

13.2 文化的な違い

13.2.1 「いとこから電話がありました」

この「いとこ」という言葉は中国人にとってあやふやに感じられる．なぜならば，中国語では大まかに分けても，〈いとこ〉の言い方が"堂兄""堂弟""堂姐""堂妹""表哥""表弟""表姐""表妹"の8種類もあるからである．"兄（哥）""弟""姐""妹"によって年齢の上下や性別を示すほか，次のような使い分けをする．

　　堂〜——父の兄弟の子供（自分と同じ姓を持つ）
　　表〜——父の姉妹の子供"姑表〜"，母の兄弟の子供"舅表〜"，
　　　　　母の姉妹の子供"姨表〜"（自分と異なる姓を持つ）

親族語彙において，日本語と中国語が対応できない最も重要な理由として，血縁関係における両国の態度の違いをあげることができる．同じ「家」でも，日本と中国では異なる意味を持つ面がある．

日本では「家を継ぐ」ということは親の職業など社会機能を継承することであり，たとえ血縁関係のない養子でも「家を継ぐ」ことが可能である．しかし，中国の場合は「家を継ぐ」ことは主に男の子が産まれてきたことを指す．どうしても養子をもらう場合は，中国ではやはり親族の中で自分と血縁関係の近い男の子と縁組みをする．つまり，日本の「家」は社会的機能を重視するのに対して，中国の「家」は血縁関係を重視するという慣わしがある．

また，中国では周の時代から既に宗法制度が確立していて，一つの家の中では血縁関係によって各自の権利と義務が規定されていた．「姓」は血縁のしるしとなり，同じ姓の人は同じ祖先を持つこととされていた．たとえば，自分と同じ姓を持つ人に会うと，よく"五百年前是一家．"〈五百年前では親族だったですね．〉などと言う．これは，古くからすべての中国人が姓を持ち，しかも同じ姓は必ず同一の血縁関係につながるという思想から出た表現である．

"同姓不婚"は周代において作られた決まりで，血縁が異なっても同じ姓を持つ人とは結婚できないのである．逆に，『紅楼夢』に見えるように，林黛玉は賈宝玉の父親の妹の娘で，薛宝釵は賈宝玉の母親の姉の娘であり，二人は賈宝玉の「いとこ」であるから，二人とも賈宝玉と結婚できることになる．もちろん，現代中国では"同姓不婚"の規定がなくなり，いとこ同士の結婚も禁じられているが，かつては，いとこ同士の結婚は"亲上加亲"〈親戚である上にさらに親戚となる〉という意味で大変良い婚姻と考えられてきた．そのため，同じ〈いとこ〉でも，

20世紀前半までは結婚のできる〈いとこ〉と結婚のできない〈いとこ〉を細かく分ける必要があったのである．

　中国人がここまで細かく年齢や性別まで家族用語で表すもう一つの理由として，身分によって家族内での地位や役割が異なることを挙げられる．祖先を祭ることは中国の大家族にとってもっとも重要な儀式である．その時，同じ〈いとこ〉であっても，血縁関係，年齢や性別によって立つ場所が異なり，決して間違えてはならないのである．

　また，日本語の「おじいさん」に対応する中国語は"爷爷"，"姥爷"，"老爷爷"，「おばあさん」にも"奶奶""姥姥""老奶奶"とように3種類ずつがある．"爷爷"は父親方の〈祖父〉，"姥爷"は母親方の〈祖父〉，"老爷爷"は自分と血縁関係のない年寄りのことである．中国では，この三種類の呼び方を決して混用してはならない．「まご」も息子の子供に対しては"孙子"〈男の孫〉"孙女"〈孫娘〉，娘の子供に対しては「外」を付けて，"外孙""外孙女"と言って区別する．

13.2.2 「おばさんと公園に行きました」

　中国では"子不言父名"〈子供は親の名前を言わない（言ってはいけない）〉という慣わしがある．そのために，親や恩師の名前を口にすることは失礼であるとされる．どうしても言わなければならない場合は「上は～という字，下は～という字」という形式で言うこともある．

　その結果として，大家族が続いてきた中国では，親戚語彙がその人の身分を正確に表す役割が求められている．

　　昨天，我和大姑妈还有小姨，三个人去了公园。

　　　〈昨日，私とおばとおば，三人で公園に行った〉

自分より年上の人，特に親の兄弟姉妹の名前は口にしてはならないから，必ず"大姑妈"〈父親の姉妹の中一番年上の者〉"小姨妈"〈母親の姉妹の中一番年下の者〉などと言う．親の兄弟姉妹が多い場合は，親族語彙の前に数字を付けて兄弟姉妹の順番を表す．たとえば，〈祖父の兄弟〉に対して"二爷""三姥爷"などというように，〈自分の祖父〉と区別する．日本人なら，「～おじさん」などと名前をつけることもあるが，中国人は，ふつう「名前＋親族語彙」の使い方はしない．

　"姑（姑妈）"も"姨（姨妈）"も血縁関係がない，父母と同一世代の「おば」を指し，"姑（姑妈）"は父方の叔母，"姨（姨妈）"は母方の叔母をさす．"大""小"は数字と同じ役割で，兄弟姉妹中の順番を表す．"大"は兄弟姉妹の中で最も年

上の方で，普通は"大哥""大姐""大伯（大爷）""大姑""大舅""大姨"のように，自分あるいは親より年上の親族呼称に付けて用いる．"弟""妹"のように自分より年下の親族呼称に"大"を付けることはあまりしない．なお，"叔"〈父親の弟〉に"大"をつけることがあるが，それは見知らぬ人に対する尊敬の意を表したり，傍系親族を呼んだりするときの呼び方である．父親の弟に対しては"大叔"ではなく，"叔叔"と呼び，父親に二人の弟がいる場合は"二叔""三叔"と呼ぶ．一方，"小"は"大"に対して，自分あるいは親の最も年下の兄弟姉妹に対して，「小＋親族呼称」というように使う．"弟""妹""叔""姑""舅""姨"などに付けることもできる．

"小姐"とうい言い方には二通りの意味がある．一つは何人もいる姉のうち，最も年下の者を言う場合で，もう一つは〈お嬢さん〉の通称として用いるものである．前者では"姐"を強く発音するが，後者では"小"を強く発音し，"姐"を軽声にするのが普通である．両者の混同を避けるためか，前者はだんだん使われなくなってきている．若い女性に対する尊称にも用いられるが，特に裕福な家庭のお嬢さんというニュアンスがある．中国人民共和国建国以前は，このような言い方が広く使われ，香港や台湾では現在もこの意味で"小姐"を使うが，大陸ではサービス業や風俗業の女性を指すようになっている．

日本語では「大叔父」「大伯母」という言い方も見られるが，それは祖父や祖母の兄弟姉妹を指し，中国語で言えば"伯祖父""叔祖父""舅祖父"姨祖父にあたる．

13.3　言及する立場の違い

　父親：「お弁当はお母さんに作ってもらおう」
　子供：「お母さん，お弁当を作って」
　この会話から見れば，最初の「お母さん」は親族名称で，二番目は親族呼称である．この会話を中国語に訳せば，次のようになる．
　父親：盒饭，让你妈给你做。〈お弁当はお母さんに作ってもらおう〉
　子供：妈妈，给我做个盒饭。〈お母さん，お弁当を作って〉
　最初は"你妈"〈あなたのお母さん〉，二番目は"妈妈"となる．中国語の親族名称では名称と呼称は一致しないのである．

　日本語では，基本的に親族語彙は話題の中の最年少者を基準にする傾向がある．たとえば，「おばあちゃんが帰ってきた」の話し手は孫とは限らず，家族内の誰

でもこのように言う可能性がある．また，呼称でも「おばあちゃん」と呼びかけるのは孫とは限らない．つまり，日本では，子供がいる場合，自分の親を「おじいちゃん」「おばあちゃん」と呼びかけることがある．

一方，中国語では名称と呼称は細かく言い分けている．呼称の場合は基本的に話し手の立場を基準にする．これは五倫を重視する儒教の理念によるものであろう．日本語のように，自分の親を「おじいちゃん」「おばあちゃん」と呼ぶことは普通ないが，近年は少しずつ日本と同じような呼称の用い方もなされるようになっている．

中国語における親族名称は，話し手・聞き手や状況によって使い方が異なる．話し手・聞き手が幼児である場合，母親が子供の父親に言及する時には，日本と同じく話し手・聞き手の視点から呼称と同じ語を用いる．たとえば，

让爸爸抱。〈お父さんに抱かせよう．〉

你爸爸是干什么工作的？〈お父さんのお仕事は何ですか？〉

話し手・聞き手が幼児より大きな子供である場合は，母親や他人が子供の父親に言及する場合，"你"を付けて"你爸爸"となり，〈あなたのお父さん〉というように，呼称とは違う言い方をする．話し手・聞き手が自分より目上で，言及する人物が自分の配偶者や子供である場合は，直接名前を使うことが多い．言及する人物が自分より年上の人であれば，"我＋親族語彙"で話すのが普通である．

13.4　社会的使い方の違い

親族語彙を親族以外の人に使用することは日本語でも中国語でも見られる．日本では，見知らぬ人に対しても「お父さん」「お母さん」と呼べると同様に，中国語でも次のような言い方もある．

回去了问嫂子好。〈帰ったら，奥さんによろしく．〉

"嫂子"とは〈お兄さんの嫁さん〉で，場合によっては自分より年上の友達の嫁さんを指すこともある．しかも，友人の奥さんとは知り合いではない，もしくは一度も会ったことがなくても，"嫂子"という語を使うことがある．これは，親族語彙が親族以外の人にも用いられる日本語の用法と同じく，一種の親しみの表現である．しかし，両者は必ずしも対応していない．

13.4.1　「お父さん」は"爸爸"ではない

「お母さん，お客さんが来たよ」の「お母さん」という語は呼びかけのときに，

日本語の中で次のような4通りの解釈ができる．
　① 子供が母親に対して呼びかけた場合（中国語でも同じ）
　② 夫が妻に対して呼びかけた場合（中国語では言わない）
　③ 親が子供のいる娘または嫁に対して呼びかけた場合（中国語では言わない）
　④ 子供のいる知人女性に対して呼びかけた場合（中国語では言わない）
　他人である中年以上の男性・女性に「お父さん」「お母さん」などと呼びかける日本語の言い方は中国ではありえない．伝統的に中国人は血縁関係を重視するからである．そのため，再婚した場合，子供が再婚相手に対して"爸爸""妈妈"と呼ぶことに抵抗を示すこともよくある．中国人の意識では，"爸爸""妈妈"は自分を生んだ実の父母に限られるのである．同じく，一昔前までは，婿も嫁の両親に対して"爸""妈"と呼びはしなかったが，近年は，婿も嫁の両親を"爸""妈"と呼びかけるようにもなっている．

13.4.2 「一世代上＝尊重」の中国人
　日本では，中年女性が見知らぬ人から，若い女性でも子供から「おばさん」と呼ばれることがある．当人にとっては決して気分のよい言い方ではないだろうが，これに相当する中国語の言い方に，市場でよく聞く"阿姨"がある．
　阿姨，苹果多少钱一斤？〈おばさん，リンゴ一斤いくら？〉
　中国では，30代の女性が高校生に"阿姨"とも呼ばれるが，それは敬意を込めた呼びかけである．中国語の"叔叔"〈おじさん〉，"阿姨"〈おばさん〉は父母と同世代という関係から，成人ないし中年男女に対して用いられることが多い．
　叔叔（阿姨），请问到西湖公园怎么走？
　　〈おじさん（おばさん），西湖公園までどの道を行けばいいですか？〉
　中年のイメージを伴う日本語の「おじさん」「おばさん」がネガティブな語感があるのに対して，中国では見知らぬ人に対して"叔叔""阿姨"と呼びかける場合，"小一辈"〈一世代下〉の視点に立った敬意や親しみが表される．長幼の序を重視する中国では，「一世代上」は一段と重んじられると感じるからである．
　「お兄さん」「お姉さん」に当たる中国語は"哥哥""姐姐"であるが，中国人は見知らぬ人に対して"哥哥""姐姐"とは呼びかず，ふつう"大哥""大姐"と言う．"大哥""大姐"は〈お兄さん〉〈お姉さん〉の意味であるが，"大"は兄弟姉妹の順番を表すではなく，ただ尊重の気持ちを表したものである．そのために，自分より年下でも"大哥""大姐"と呼ぶ傾向がある．特に，東北地方や天津な

どでは，中学生から50代まで，"大哥""大姐"が使われるという現象が見られる．その背後には，やはり自分を謙らせた敬意が含まれているのである．しかし，近年は，中国人も若く見られることをうれしく思うようになってきたようで，見知らぬ人に対して，女性を"美女"，男性を"帅哥"と呼びかけるようになっている．直訳すると，「べっぴんさん」「格好いいお兄さん」となるが，日本でこのように呼びかけると，セクハラにならないとも限らない． ［顧　令儀］

発展的課題

1. 次の図は，自己と同世代より下の親族名称を日本語について作成したものである．これを参考にして，世代や男女などに留意して中国語について調べてみよう．

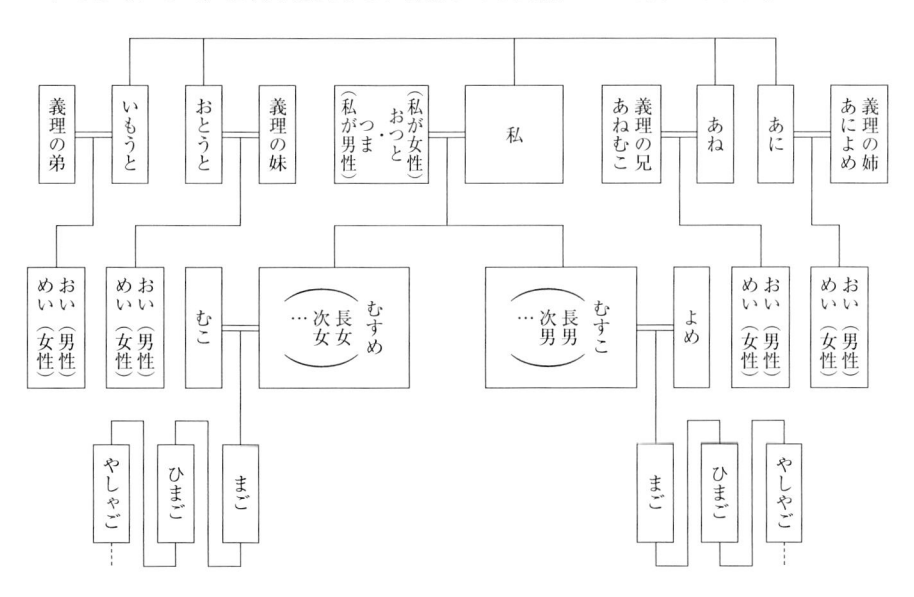

（親族関係図：義理の弟―いもうと―おとうと―義理の妹―（私が女性）おっと／（私が男性）つま―私―義理の兄／あねむこ―あね―あに―義理の姉／あによめ；下の世代：めい（女性）／おい（男性）―むこ―長女・次女…―むすめ―むすこ―長男・次男…―よめ―めい（女性）／おい（男性）；さらに下：まご，ひまご，やしゃご）

【参考文献】
内間直仁（1986）『日本語言語史』法政大学出版社．
鈴木孝夫（1973）『言葉と文化』岩波書店．
薛鳴（2010）『言語とコミュニケーション』中京大学社会科学研究所．
渡辺友左（1978）「親族語彙の全国概観」（柴田　武編『日本方言の語彙』pp.27-42, 三省堂）．

陈月明（1990）「现代汉语称呼系统与称呼规则」『宁波大学学报（人文科学版）』，1990-1，63-70。

14 擬音語・擬態語

14.1. オノマトペ

　一般に,「擬音語」とは生物や物が発する声や音を言葉(語)にして表したものを指し,「擬態語」とは状態や感情など実際には音のないものを言葉(語)にして表したものを指す. この他に「擬声語」という用語もあり, 主に擬音語と擬態語の総称として使われる. しかし擬声語は, 擬音語の中の一部, 人や動物などの生物が発する「声」だけを指す場合もある. そこで, 擬音語と擬態語の総称としては,「オノマトペ」という用語も広く使われている. また, 日本語では基本的に, 擬音語はカタカナで, 擬態語はひらがなで表記される.

オノマトペ(＝広義の擬声語) ｜ 擬音語：ワンワン(犬の鳴き声), パチパチ(拍手など)
　　　　　　　　　　　　　　｜ 擬態語：てくてく(歩くさま), ちくちく(痛み)

　擬音語は聴覚からの情報を言語化したものであり, 擬態語は視覚からの情報や心理状態を言語化したものと言える. そう考えると両者の区別はさほど難しくないようにも思えるが, 日本語では擬音語と擬態語の両方にまたがる語も多くある. たとえば,「ガンガン」は何かを叩き付ける音を表す場合は擬音語である. しかし「頭がガンガンする」では実際に音が鳴っているわけではないし,「ガンガン攻める」は競技などでの勢いのあるさまを表しており, この場合は擬態語と言えるだろう. このようなこともあり, 両者の区別は必ずしも重視されず,「オノマトペ」という用語を用いて一括りにされることも多い.
　一方, 中国語では,「オノマトペ」の意味で"象声词""模声词""拟声词"といった用語が使われる. しかし, それをさらに擬音語と擬態語というように下位分類する用語は見られない. その最大の要因として, 中国語には擬態語がほとんどないことが挙げられる. とはいえ, 中国語が擬態語の特に少ない言語であるというわけではなく, むしろ擬態語の多さが, 日本語の大きな特徴の一つである.
　まずは, 日本語のオノマトペを中国語ではどう言うか, いくつか例を見てみよう(表 14.1).

14.1 オノマトペ

表 14.1　動物の鳴き声

犬	ワンワン		汪汪 wāngwāng
猫	ニャアニャア		喵喵 miāomiāo
鼠	チュウチュウ		吱吱 zīzī（zhīzhī）
羊	メェメェ		咩咩 miēmiē
牛	モーモー		哞哞 mōumōu
ニワトリ	コケコッコー	（雌鶏）	咯咯 gēgē
		（雄鶏）	喔喔 wōwō
カラス	カアカア		呀呀 yāyā
カエル	ゲロゲロ		呱呱 guāguā

　日本語とほぼ同じものもあれば，異なる印象のものもある．オノマトペ，特に擬音語については，実際の音を模写したものであるから，もととなる音は基本的に同じである．しかし，それがどう聞こえるかは国や地域によって差があり，それがどう転写されるかも，その言語が持つ母音や子音の種類，音節構造などによって変わってくる．また，中国語の擬音語の声調は，ほとんどが第一声であるが，常に規範的な第一声の声調で読まれるわけではなく，もとの音に近くなるように，長短やアクセントをアレンジすることも多い．

　オノマトペは幼児語において多用され，日本語では「ワンワン（＝犬）」「ニャンニャン（＝猫）」のように名詞としても使うことができるものもある．この用法は中国語にもあり，たとえば自動車のことを"嘀嘀 dīdī"〈ブーブー〉のように言うことができる．その一方，契約書や公式な文書では，オノマトペはほとんど使われない．このようなことから，オノマトペは子供っぽいという印象があり，言語研究の対象としては，長らく，必ずしも脚光を浴びるようなテーマではなかった．しかし日本語では，「わざわざありがとうございます」，「そろそろ行きましょうか」，「ゆっくり休んでください」などの表現からも明らかなように，オノマトペを抜きにしては日常会話を成立させることすら困難である．さらに，このような副詞的用法の他にも，オノマトペは表 14.2 のようにさまざまな品詞を構成している．

表 14.2　オノマトペを利用して作られる用言

動詞	（「〜する」が付く）「どきどきする」 （「〜めく」が付く）「きらめく」 （「〜つく」が付く）「もたつく」
形容詞	「たどたどしい」「ういういしい」
形容動詞	「へとへとだ」「しとやかだ」

また，日本語のオノマトペは通常，ひらがなやカタカナで表記されるが，いわゆる「漢文」の時代の中国語から輸入されたものを中心に，漢字で書かれるものも少なくない．たとえば「飄々とする」「朗々と歌う」「滔々と語る」「煌々と輝く」「錚々たる面々」「遅々として進まない」「脈々と受け継がれる」などがある．さらに，「興味津々」「和気藹々」「侃々諤々」のように，単独での用法はほとんど失われ，四字熟語の中に保存されているものもある．ちなみに，これらの例のように，同じ文字を2回繰り返すことを「畳語」と言う．この他，漢字で表記されるオノマトペには表14.3のようなものがある[注1]．

表14.3 漢字で表記されるオノマトペ

双声（1文字目と2文字目の子音が同じ）	躊躇，恍惚
畳韻（1文字目と2文字目の母音が同じ）	徘徊，混沌，朦朧

このように，日本語には随所にオノマトペが浸透しており，近年は研究も相当に進んでいる．一方，中国語ではオノマトペ，特に擬態語が日本語のようには発達しておらず，オノマトペ研究もいまだあまり着目されていない．よって，日本語の擬態語を中国語でどのように表現するかは，常に頭を悩ませる問題である．

14.2 中国語オノマトペの形式分類

中国語のオノマトペに使われる音には，たとえば，はじけるような音を表すには破裂音（ピンインのb, p, d, t, g, k）を使うことや，鼻音はピンインのngばかりが使われ，nはまず使われないことなど，ある程度の傾向が見られる．しかし，ここでは，「音」よりも視覚的にわかりやすい「形式」に基づいて，中国語のオノマトペを分類・整理してみる．なお，分類には主に野口（1995）を参考とした．

① A型
　当 dāng 〈カン（鐘の音），ジャン（ドラの音），バン（銃声）など〉
　哗 huā 〈サッ（素早く動く様子），ワー（人の声），ザー（川の音）など〉
　嘣 bēng 〈ポーン（ボールを蹴る音），プツン（何かが切れる音）など〉
② AA型
　哒哒 dādā 〈ドドッ（機械音），コツコツ（打ちつける音）など〉

（注1）これらは日本語ではオノマトペに分類できるが，同じ漢字を用いた中国語の単語は，中国語文法ではオノマトペと見なされないことがほとんどである．

哈哈 hāhā 〈ハハ（笑い声）〉

咝咝 sīsī 〈ヒューヒュー（風の音），ジュージュー（ものを焼く音）など〉

③ AB 型

扑通 pūtōng 〈ザブン，ドボン（水を打つ音），ズシン，ドスン（倒れる音），ドキン（心臓の音）など〉

叮当 dīngdāng 〈トントン（かなづちの音），チリンチリン（鈴の音），ガチャガチャ（金属や陶器のぶつかる音）など〉

噼啪 pīpā 〈パラパラ（雨音），パチパチ（拍手や火花の音），ポキポキ（枝が折れる音）など〉

④ ABAB 型

叮当叮当 dīngdāngdīngdāng 〈"叮当"に同じ〉

哗啦哗啦 huālāhuālā 〈ワイワイ（多くの人の声），ザーザー（雨音），サラサラ（川の音），ガラガラ（引き戸の音），ジャラジャラ（麻雀の音）など〉

咔嚓咔嚓 kāchākāchā 〈カチカチ（スイッチの音），ガチャガチャ（ドアの音），バリバリ（破れる音），チョキチョキ（はさみの音）など〉

⑤ AABB 型

噼噼啪啪 pīpīpāpā 〈"噼啪"に同じ〉

滴滴嗒嗒 dīdīdādā 〈チクタク（時計の音），プップクプー（ラッパの音），ポタポタ（液体の落ちる音）など〉

乒乒乓乓 pīngpīngpāngpāng 〈トントン（かなづちの音），ポカポカ（殴る音），バンバン（銃声）など〉

⑥ ABB 型／AAB 型

当啷啷 dānglānglāng 〈カラン，ガチャン（硬いものが落ちる音）など〉

咕噜噜 gūlūlū 〈コロコロ（転がる音），ゴクゴク（液体を飲む音），グーグー（おなかの鳴る音）など〉

轰隆隆 hōnglōnglōng 〈ゴロゴロ（雷の音），ドカン（爆弾の音），ゴー（エンジン音）など〉

②の AA 型は，1文字のものを繰り返すことで，連続した音を描写することができる．さらに多くの音を表すために，3回以上繰り返して"当当当" dāngdāngdāng …のように使うこともある．ただし，書き言葉で使われる"潺潺"

chánchán〈サラサラ，川の流れる音〉，"喃喃" nánnán〈ブツブツ，小声で話す声〉のような一部の古い語は，2文字で一まとまりとなっており，1文字や3文字で使うことはできない．

③のAB型は，AとB二つの音（文字）を組み合わせることで，より複雑な音が表現される．ここから派生する型も多く，次の④とともに，最も数の多い型である．

④のABAB型については，ほとんどがAB型の語を繰り返したものである．日本語でも，一回のみ生じた音は「バリッ」のように繰り返さない形を使い，複数回，もしくは連続して生じる音には「バリバリ」のように繰り返して使うのと同様である．

⑤のAABB型には二つのパターンがある．一つは，⑤で示した例のように，AB型の語がAABBという形式で繰り返されたもので，これはAB型の語の一部にのみ可能である．もう一つは，次のように，AA型の語を二つ組み合わせて作るものである．

　　叽叽嘎嘎 jījīgāgā　〈キャーキャー，ペチャクチャ（人の声）〉
　　唧唧哇哇 jījīwāwā　〈ワイワイ，ペラペラ（人の声）〉

⑥のABB型／AAB型は，AB型の語の一部がABBという形式で繰り返されたもので，この派生形として"哗啦啦啦" huālālālā〈"哗啦"，"哗啦哗啦"に同じ〉のようにABBBという繰り返し方ができるものもある．また，ABB型に似た形として，同じくAB型をもとにした，"丁丁当" dīngdīngdāng〈"叮当"に同じ〉のようなAAB型もあるが，数はあまり多くない．

この他，いずれも数は少ないが，次のような形式のものもある．

⑦　ABCD型（A哩BC型）
　　丁零当啷 dīnglīngdānglāng〈チリンチリン（鈴の音）など〉
　　劈哩啪啦 pīlipālā　　　　〈パラパラ（雨や雹の音），パチパチ（拍手の音）など〉

⑧　ABCB型
　　劈嗒啪嗒 pīdāpādā　〈ポタポタ（液体の落ちる音）など〉

⑨　A哩AB型
　　哇哩哇啦 wāliwālā　〈ワイワイ，ムニャムニャ（人の声）など〉

⑦や⑨に用いられる"哩"は"里"と書くこともあり，どちらにしても軽声と

なる.

14.3 中国語オノマトペの使い方

中国語のオノマトペは，主に連用修飾語や連体修飾語，補語として使われる．他の用法も含めて，使用例を見てみよう．

① 連用修飾語
  ・オノマトペ（＋地）＋動詞
    他还在呼呼 hūhū 大睡。〈彼はまだグーグー寝ている.〉
    闹钟叮叮当当 dīngdīngdāngdāng 地响了。
    〈目覚まし時計がジリリリと鳴った.〉
  ・オノマトペ A 型＋"的・声"＋動詞
    手提包"啪 pā"的一声掉到地上。〈鞄がバタッと地面に落ちた.〉
  ・オノマトペ AB 型＋"一声"＋動詞
    窗户咔嗒 kādā 一声打开了。〈窓がガタッという音と共に開いた.〉
② 連体修飾語
  ・オノマトペ＋的＋名詞
    发出咔嚓咔嚓 kāchākāchā 的声音。〈ガタガタと音を立てた.〉
  ・オノマトペ＋"声"
    传来一阵"噼啪 pīpā"声。〈バーンという大きな音が聞こえた.〉
③ 補語（主に様態補語）
  ・動詞＋得＋オノマトペ（＋的）
    心跳得扑通扑通 pūtōngpūtōng 的。〈心臓がドキドキする.〉
    哭得哇哇 wāwā 的。〈ワンワン泣く.〉
④ 述語
    他咕噜 gūlū 着。〈彼はブツブツ言った.〉
⑤ 間投詞
    轰隆隆 hōnglōnglōng！〈ドーン！〉

①の連用修飾語としての用法は，日本語のオノマトペで最も多い，副詞的用法に相当する．また，⑤のように" "で括って独立して使うことも多い．

14.4　オノマトペの訳し方

　現在，学習者向けの中国語文法書が数多く出版されているが，オノマトペについての項目を立てているものはあまりなく，項目があるものでも，詳細な説明はないことがほとんどである．これは，中国語にはオノマトペ（特に擬態語）が少なく，オノマトペを使わずとも大抵のことは表現できるという事情もあると見られる．

　では，日本語のオノマトペは，中国語ではどのような手段で表現されるのか，その方法をいくつか見てみよう．

(A)　対応するオノマトペがある場合
　　　ハハハ　　　　　　哈哈 hāhā
　　　ニコニコ笑う　　　笑嘻嘻 xiàoxīxī

(B)　他の語彙を使って表現する場合
　① 副詞を使う
　　　とっくに出かけた　　早就走了
　　　ぱったり止まる　　　突然停止
　② 形容詞やその重ね型を使う
　　　しっとりとした雰囲気　宁静的气氛
　　　はっきりと書く　　　　写得清楚
　　　しっかり握る　　　　　紧紧地拉住
　　　ゆっくり歩く　　　　　慢慢儿走
　③ 複合動詞を使う
　　　ニヤニヤ笑う　　奸笑
　　　じっと考え込む　沉思
　④ 単独の動詞に意味が含まれる
　　　じろじろ見る　盯
　　　ぐっとにらむ　瞪
　⑤ 成語などの固定フレーズを使う
　　　部屋の中がぐちゃぐちゃだ　房子里乱七八糟
　　　胸中ドキドキだ　　　　　　心里七上八下

(C) 説明的な言い方をする場合
　　　てくてく歩く　　不停地走
　　　がっかりだ　　　真让人失望

　以上，いくつかの方法を例示したが，日本語のオノマトペ，特に擬態語を中国語で表現する手段としては，形容詞を用いることが多いようである．中でも，形容詞の重ね型は「状態形容詞」と呼ばれることもあり，臨場感あふれる描写を可能にする表現手段であり，その点でオノマトペの機能とも共通する．また，形容詞の重ね型は，「AA 型」や「AABB 型」を基本としつつも，「ABAB 型」や「ABB 型」「A 里 AB 型」などもあり，オノマトペとの形式的類似も認められる．

[今井俊彦]

発展的課題

1. 次のそれぞれの擬音語を，日本語と中国語について調べてみよう．
   ① 風の音　　　　　② 波の音　　　　　③ 雷の音
   ④ 雨の降る音　(a) 激しく降る場合　(b) 小降りである場合
   ⑤ ベルの鳴る音　　⑥ 鐘の音　　　　　⑦ 太鼓の音
   ⑧ 拳銃の音　(a) 単発の場合　(b) 連発の場合
   ⑨ 大砲の音　　　　⑩ 爆竹の音　　　　⑪ ドアを閉める音
   ⑫ くしゃみをした音　⑬ 咳をする音　　　⑭ いびきをかく音
   ⑮ 大笑いする声　　⑯ 大声で泣く声　　⑰ すすり泣く声

2. 中国語のオノマトペについて，次の形式に基づく語をできるだけ調べてみよう．
   ① ABB 型　　　　　② AABB 型　　　　③ ABAB 型

3. 日本語でも，「早い→早々と」，「黒い→黒々と」のように，形容詞を繰り返して修飾語として使う例は多い．日本語と中国語それぞれの形容詞とオノマトペについて，例を調べながら共通点を探してみよう．

【参考文献】

呉川（2005）『オノマトペを中心とした中日対照言語研究』白帝社．

野口宗親（1995）『中国語擬音語辞典』東方書店．

15 ことわざ・慣用句

　この類の言葉を表す中国語の用語としては，"慣用語""成語""谚语""俗语""歇后语"などがあるが，それぞれの定義に諸説あり，その境界は必ずしも明確ではない．本章では，形式（文字数）によって大まかに分類しつつ概観することにする．

15.1. "慣　用　語"

　多くは3文字で構成される．中には4文字以上のものもあり，いずれにしても主に口語で用いられる．また，あまりよくないことを表すものが多いことも特徴である．例を見てみよう．

　　碰钉子　〈障害に出くわす，怒られる〉
　　拍马屁　〈人のご機嫌をとる〉
　　摆架子　〈威張る，見栄を張る〉
　　穿小鞋　〈困らせる，いびる〉
　　踢皮球　〈たらいまわしにする〉

　中国語の"慣用語"に相当するものは，日本語では「慣用句」であろう．慣用句とは，2つ以上の語が結びつき，全体として新たな意味を表すようになったもので，「イディオム」とも呼ばれる．たとえば，「釘をさす」は，単に「釘」と「さす」の意味を足し合わせた，〈どこかに釘を打ちつける〉という意味ではなく，全体として，〈あらかじめ念を押す〉という意味を表している．中国語でも，たとえば"踢皮球"は動詞"踢"〈蹴る〉と，目的語"皮球"〈ゴムボール〉からなる動詞フレーズであるが，それらの意味を足し合わせた〈ゴムボールを蹴る〉という意から転じて，〈責任を他におしつける〉という新たな意味で用いられている．この意味は"踢皮球"全体で表すものであり，動詞を"投"〈投げる〉に替えるようなことをすれば，たちまち失われてしまう．

　このように，意味の面では一まとまりであるが，文法的には，構成要素となる単語それぞれの性質を保っている．中国語の"慣用語"は「動詞＋目的語」からなるものが多数を占めており，文中において"看电视"〈テレビを見る〉といった

通常の「動詞＋目的語」フレーズと同じようにふるまう．ここでは"摆架子"を例にして，その用法をいくつか見てみよう．

［否定副詞の後にくる］
　　他从来不摆架子． 〈彼は見栄を張ったことがない．〉
［動詞部分が重ね型になる］
　　我本来想摆摆架子．〈私は元々見栄を張ろうと思っていた．〉
［文の主語になる］
　　摆架子最招人讨厌．〈見栄を張ることは一番嫌われる．〉
　　中国語の動詞は，形を変えることなく主語の位置に立つことができる（このとき日本語では「～すること」のように訳される）が，動詞を含む"慣用語"でも同じことができる．
［動詞と目的語の間に他の成分が入る］
　　他又摆起了臭架子．〈彼はまたいけ好かない態度をとりはじめた．〉
　　動詞と目的語の間に他の成分，たとえば，方向補語"起"やアスペクト助詞"了"などが割り込むことがある．

このほか，"慣用語"の中には「動詞＋目的語」以外の構造を持つものも少数ながら存在する．

「主語＋述語」
　　耳朵软　〈人の言うことを信じやすい〉（主語"耳朵"＋述語"软"）
「修飾語｜被修飾語」
　　二把刀　〈知識や技術が不十分，生半可〉（修飾語"二把"＋被修飾語"刀"）

15.2　"成　　語"

　歴史や思想，仏典や詩などさまざまなジャンルの古い書物に出てくるエピソード（＝故事）に題材をとり，固定されたフレーズとして定着したものを"成語"という．日本語では「故事成語」がこれに相当する．主に文語で用いられ，複雑な内容を短く的確に表現する手段として，新聞の見出しなど文字数に制限のある場合にも重宝される．

　また，"成語"を集めた"成语词典"〈成語辞典〉が数多く出版されており，収録数は数千から数万語にのぼる．さらに，"成语谜"〈成語クイズ〉や"成语接龙"

〈成語しりとり〉といった，言語的知識を競うゲームもあり，中国ではなじみの深いものである．例を見てみよう．

　　光阴似箭　〈光陰矢の如し〉
　　拭目以待　〈括目して待つ〉
　　拔苗助长　〈親切でやってことがかえってあだになること〉
　　精卫镇海　〈困難を恐れず目的を達すること〉
　　完璧归赵　〈借りたものを返すこと〉

"成語"はほとんどが4文字で構成され，その多くは「2文字＋2文字」という構造になっている．前半2文字と後半2文字の文法関係には主に次のようなものがある．

「主語＋述語」
　　流星赶月　〈速度が非常に速いこと〉
「動詞＋目的語」
　　別出心裁　〈独創的なアイデアを出す〉
「修飾語＋被修飾語」
　　恋恋不舍　〈名残惜しくて離れられない〉
「並列」
　　好言好语　〈善意からの言葉〉

前半や後半の2文字を，さらに1文字ずつ分析することも可能であるが，分類が多岐にわたるためここでは詳述しない．そもそも"成語"には古い語彙が用いられていることも多く，文法機能が現代語と異なっているものもあり，構造を正確に把握するのは難しい．ただ，"成語"は基本的に固定された言い方しかなく，"慣用語"のように他の成分が間に入ることはないため，構造はさほど気にせず使用することができる．文中での用法としては，"古人说～"〈昔の人は～と言った〉のような導入句に続けたり，" "で括って使われたりすることも多いが，"我一定会完璧归赵。"〈私はきっときちんと返します．〉のように，動詞フレーズとして使うことができる"成語"もある．

　また，"成語"には多くの場合"褒义"〈肯定的な意味〉か"贬义"〈否定的な意味〉のどちらかが含まれている．

① 肯定的な意味
　　博学多才　〈博学で多才である〉
　　完美无缺　〈完全無欠〉
② 否定的な意味
　　卑鄙无耻　〈卑劣で恥知らず〉
　　弄虚作假　〈人をだます〉

　これらの例のように，字義から明らかなものの他に，"褒义"や"贬义"が暗に含まれているものも少なくない．たとえば，"守口如瓶"は〈口が堅い〉ことを表すと同時に，それが評価に値するものであるという肯定的な意味を含んでいる．また，"一团和气"は，本来は〈なごやかな雰囲気〉を表す肯定的な意味であったが，現代では〈はっきりしない曖昧な雰囲気〉を表す否定的な意味で用いられる．"无所不至"も，〈至らないところがない，周到で完全だ〉という意味を持つが，〈あらゆる悪いことをする〉という否定的な意味でも用いられるので，ほめ言葉としてはほとんど使われない．ほめる場合には，"无微不至"〈全てが行き届いている〉といった別の言い方が用いられる．ほかにも"无中生有"は字面だけ見れば〈無から有を生む〉というクリエイティブな意味になりそうだが，実際は〈ないものをあると言う，嘘をついて捏造する〉という否定的な意味になる．"成语"の全体的な傾向としては，否定的な意味を含むものの方が多いようである．

　日本語の「故事成語」は，中国語の"成语"を古くに借用したものである．「臥薪嘗胆」（"卧薪尝胆"）のように中国語と同じく漢字4文字のものや，「青天の霹靂」（"青天霹雳"）のように少し言葉を足したものがある．このほか，「人間万事塞翁が馬」（"塞翁失马"）のように「故事成語」ではなく，通常は「ことわざ」に分類されるようなものや，「杞憂」（"杞人忧天"）のように略して，単語として使われるもの（中国語でも"杞忧"の2文字で使われることもある）などもあり，"成语"由来のものは日本で広く受け入れられている．しかし，中には中国語の"成语"と日本語の故事成語とで，意味にずれが生じているものもある．その例をいくつか見てみよう．

① "朝三暮四"と「朝三暮四」
　　〈人を欺くこと〉の意味で日本でも中国でも用いられるが，中国ではさらに〈変わりやすいこと〉という，「朝令暮改」のような意味でも使われる．

② "天衣无缝" と「天衣無縫」
日中ともに〈完全なさま〉を表すが，日本では「天真爛漫」と同様の意味で使われることもある．

③ "一刀两断" と「一刀両断」
日本語では〈思い切って行う〉という意味であるが，中国語では主に〈きっぱりと手を切る〉という意味で用いられる．

④ "七颠八倒" と「七転八倒」
日本語では〈苦しんで転げまわる〉という意味であるが，中国語では〈混乱している〉というような，主に精神的な面を表すのに使われる．

⑤ "完璧归赵" と「完璧」
"完璧归赵"は中国では主に「返す」ことを意味するが，日本では「完全なさま」を表す「完璧」という単語として定着している．

このほか，意味は同じだが日中で形が異なるものもある．たとえば，中国語の"月下老人"は縁結びの神様や結婚式の仲人を指すが，これが日本では「月下氷人」となっている．また，中国由来ではなく，完全に和製の「一期一会」や「盛者必衰」などは通常，故事成語には含まれず，より範囲の広い「四字熟語」に分類される．

15.3 "谚语"

多くは5文字以上で，二つの句からなるものもある．民衆の経験や生活の知恵などを短くまとめて言い伝えられてきたもので，現代にも通じる知識や教訓を含んでいるのが特徴である．唐代の詩人，杜甫の"人生七十古来稀"〈七十歳まで生きる人は昔から少ない〉のように，典故の明確なものもあるが，多くは一般大衆の創作で，年代や作者ははっきりしない．また，口語的であるという特徴を持つ．たとえば，〈恩を忘れない〉という意味の"成语"，"饮水思源"〈水を飲むときにその源を考える〉が相当に文語的であるのに対して，"谚语"で同様の意味を表す"饮水不忘掘井人"〈水を飲むときには井戸を掘った人のことを忘れない〉は口語的でわかりやすい．

また，"谚语"には文字通りの意味になるものと，より抽象化された意味を読み取るべきものとがある．前者には，"多一事不如少一事"〈余計なことをするよりも控えめにした方がよい〉のような例があり，後者には次のような例がある．

不打不相识　〈喧嘩することで仲良くなる〉
　　　→もめごとなどがおこった後はかえってよい状態になる
　　　　（＝「雨降って地固まる」）
一口吃不成个胖子　〈一口食べただけでは太れない〉
　　　→物事を一気にやり遂げたり，習得したりすることはできない
　　　　（＝「ローマは一日にしてならず」）
好了伤疤忘了疼　〈傷が治れば痛みを忘れる〉
　　　→その時の苦しみや教訓を忘れてしまう
　　　　（＝「のどもと過ぎれば熱さを忘れる」）
说曹操，曹操就到　〈曹操のことを話すと曹操がやって来る〉
　　　→噂はすぐ本人の耳に入りやすいので気を付けたほうがいい
　　　　（＝「噂をすれば影がさす」）
三个臭皮匠，赛过诸葛亮　〈三人の革職人が集まれば諸葛亮に匹敵する〉
　　　→凡人でも三人集まって考えればいい知恵が出る
　　　　（＝「三人寄れば文殊の知恵」）

　"谚语"にも定着した固定的な言い方があるが，"惯用语"や"成语"に比べて，文字の異同に関する制約は緩い．たとえば，"一口吃不成个胖子"は"个"を除いて"一口吃不成胖子"とも言うことができ，"一口不能吃个胖子"，"不能一口吃个胖子"，"一口不能吃成胖子"などと言うこともできる．さらに，"没有一口吃个胖子的"〈すぐに結果を出せるようなことはない〉といった応用も可能である．

　"谚语"は基本的には「文」に相当すると考えられ，末尾には句点が置かれることが多い．構造も一般の文と同様，「主語＋述語」，「動詞＋目的語」，「修飾語＋被修飾語」などや，それらを組み合わせたものである．ただし，形態変化の乏しい中国語では，文とフレーズの区別が必ずしも明確ではなく，"谚语"が"抱着多一事不如少一事的态度"〈余計なことはしないという態度を心に抱く〉のように，文の一部として使われることもある．

　中国語の"谚语"に相当する日本語は「ことわざ」であろう．ただし日本語では，知恵や教訓を含み，文に相当するようなものは「ことわざ」に分類されるため，中国語では"成语"である"覆水难收"〈覆水盆に返らず〉なども日本では「ことわざ」とされる．また，中国語の"谚语"は時として「習慣的な言い回しで口語的なもの全て」を幅広く指すこともあり，その場合，この章で扱うもののうち"成语"以外の全てが含まれることになる．

15.4 "歇后语"

　文字数に決まりはないが，必ず前半と後半，二つの部分から構成される．なぞかけや洒落の一種で，前半がなぞかけ，後半がなぞ解きという関係にある．出題となる前半部分のみを言い表し，答えとなる後半部分は聞き手に推測させるような使い方もできることから，"后"〈後半〉を"歇"〈休む，やめる〉という意味で"歇后語"と名付けられたという説もある．ただ，誰もが知っているようなものを除けば，誤解を避け意味を明確に伝えるためにも，後半まで言うことが望ましい．いくつか例を見てみよう．

　　"外甥打灯笼──照舅"〈おいが提灯を掲げる──おじを照らす〉
　　　　→相変わらず，もとのままである
　　　　　（"照舅"が"照旧"と同じ音であることから）
　　"理发师的徒弟──从头学起"〈床屋の弟子──頭から学ぶ〉
　　　　→物事を初歩から学ぶこと
　　　　　（"头"が「頭」という文字通りの意味の他に，物事のはじめという意味にもなることから）
　　"和尚打伞──无发无天"〈坊主が傘をさす──髪がないし空も見えない〉
　　　　→無茶苦茶なことをすること
　　　　　（"发"と音の近い"法"をかけて，"无法"つまり法を守らないことを表し，"天"は天理・道理の意味にもなることから，"无天"で道理に合わないことを表す）
　　"孔夫子搬家──净是书"〈孔子の引越し──本ばかり〉
　　　　→勝負に負けてばかりいること
　　　　　（本（"书"）と，負ける（"输"）が同じ音であることから）

　"歇后語"も"諺語"と同じく，定着した言い方はあるものの，同様の意味になりさえすれば，多少異なる言い方も許容されるという柔軟性を持つ．たとえば"外甥打灯笼"は動詞を変えて"外甥点灯笼"と言うことも可能であり，"和尚打伞──无发无天"の前半を"和尚打着一把伞"（坊主が傘を一本さしている）のように言い換えても「なぞかけ」として成立する．また，"歇后語"は「前半＋後半」でまとまって独立した表現であり，""で括って使われることがほとんどである．

　"歇后語"は洒落や皮肉の込められた大人向けの「なぞなぞ」のようなもので，

日本にはこれに相当するカテゴリーはないが，中国では"歇后语"だけを集めた書籍やスマートフォンアプリなども多数出ているなど，"成语"と同様に広く親しまれている． ［今井後彦］

発展的課題

1. 中国語の"成语"が，日本語では故事成語以外にどのような形で受け入れられているか，本章で挙げた例以外にもいろいろ探してみよう．また，故事成語と四字熟語の違いについても考えてみよう．

2. ことわざや故事成語，慣用句の中で，日本語でも中国語でも比較的よく使われる単語（たとえば"鬼"など）に注目し，その意味やニュアンスが日中でどのように違っているか，できるだけ多くの例を探して比較してみよう．

【参考文献】
商务印书馆辞书研究中心編（2002）『新华成语词典』商务印书馆。
温端政（1985）『谚语』商务印书馆。
温端政（1985）『歇后语』商务印书馆。

■ コラム⑧　円周率の数字による語呂合わせ（1）

中国でも日本と同じように語呂合わせで長い数字の列を覚える習慣がある．たとえば，円周率を覚えるときに，以下のような語呂合わせのストーリーがある（日本語訳はコラム⑨を参照）．

很久以前，有位教书先生，整日里不务正业，就喜欢到山上找庙里的和尚喝酒。他每次临行前留给学生的作业都一样：背诵圆周率。开始的时候，每个学生都苦不堪言。后来，有一位聪明的学生灵机一动，想出妙法，把圆周率的内容与眼前的情景（老师上山喝酒）联系起来，编了一段顺口溜：

"山巅一寺一壶酒（3.14159），尔乐苦煞吾（26535），把酒吃（897），酒杀尔（932），杀不死（384），乐尔乐（626）。"

(Shāndiān yí sì yì hú jiǔ (3.14159), ěr lè kǔ shà wú (26535), bǎ jiǔ chī (897), jiǔ shā ěr (932), shā bù sǐ (384), lè ěr lè (626))

先生回来一检查，都背得滚瓜烂熟。　　　　　　　　　［蘇　　紅］

16 中国の「諧音」文化

16.1 中国語の達人の条件

　中国語の達人の条件を考えたことがある．どのぐらいのレベルに到達すれば達人といえるだろうか．もちろん，中国語が普通に話せて，聞いて分かり，それなりの文章も書けることとなるが，どうもそれだけでは物足りない．そこで，次のような二つの要件が想定される．

　一つ目は，やはり古典中国語の知識である．四字成語や諺，そして漢詩や膨大な中国古典に関する素養，これがなくては中国人と対等に話ができない．二つ目はジョークである．中国のジョークやお笑いを聞いてネイティブと一緒に笑えること．ここにダジャレも加えべきであろう．ダジャレがわかること，自分でもちょっとしたダジャレが言えること，これができなくては中国人とのつきあいで面白さを欠く．

　では，逆から見たらどうなるか．日本語を勉強している中国人が日本語の達人と言われるためには何が必要であろうか．こちらも二つあげよと言うなら，まず一つ目は外来語の知識である．日本の外来語は大部分が英語由来であるが，ともかく日本語を難なくこなすには最低でも英語の基本的な知識が求められる．そして，二つ目は，やはり日本のお笑いとダジャレである．日本語ではジョークのセンスはあまり必要ないが，ダジャレのセンスは必要である．

　たとえば，便利な都市型カードとしてSuicaがある．これをなぜ「スイカ」と言うか．調べてみると，Suicaの名称の由来は"Super Urban Intelligent Card"の略称であるとわかる（ここですでに英語の知識が問われている）．しかし，誰もこんな風には考えていない．「スイスイ行けるカード」だから「スイカ」と思っている．早い話，語呂合わせである．

　Suicaと並ぶPASMOはどうか．これは「パスネット」(PASSNET)の「PAS」（パス）と「もっと」の意味を表す「MORE」（モア）の頭文字「MO」から名付けられたという．しかし，われわれの直感は，あれも，これもの「も」である．つまり「電車も，バスも，あれも，これも」利用できるようになるという意味の

「モ」である．PASMO の図柄を見るとそうなっているではないか．

　関西のほうでも同じ機能のカードがある．名前を「ICOCA（イコカ）」という．これは，IC オペレーティングカード（IC Operating CArd）の略称らしいが，関西弁の「行こか」を掛けていることは明らかだろう．やはりダジャレである．ともあれ，Suica と PASMO，ICOCA，三つとも英語の知識とダジャレのセンスが必要であるということがわかる．NHK のオリンピック番組でも「オリンピックのミカタ」であった．いかに命名にダジャレや語呂合わせが活躍しているかがわかる．

　中国における外来語の受け入れでも，意訳が好まれるというが，一番よいのは"黑客" hēikè（hacker，ハッカー）のような音訳兼意訳のようなものではなかろうか．"俱乐部" jùlèbù（club，クラブ）とか，"引得" yǐndé（index，インデックス），"媒体" méitǐ（media，メディア），"乌托邦" wūtuōbāng（Utopia，ユートピア）のような音義融合型のものが，うまいなあと思わせ，音訳が意義も兼ね表しているところに妙技をみるのである．

　もう一つ，"可口可乐" kěkǒu kělè（コカコーラ）や"托福" tuōfú（TOEFL），"保龄球" bǎolíngqiú（ボウリング）などのタイプもある．こちらも音がやはり意味も表しているが，それはたまたまある意味を持たされているにすぎず，そのものの本質を表すものではない．それでも，どちらも「名訳」とされているのは，音だけでなく，また意味だけでなく，二つを兼ねるところに面白さを見るからであろう．

　ここでは，これまで見過ごされていた言語の駄洒落現象，中国語では"谐音"とか"双关语"など言われるものについて少しまとめてみることにする．

16.2　"歇后語"の使い方

　もともと中国語には「駄洒落」「語呂合わせ」を楽しむところがあった．それは"歇后語" xiēhòuyǔ と呼ばれる言葉遊びである．

　　　孔夫子搬家 —— 净是书（＝输）　　Kǒngfūzi bānjiā —— jìng shì shū

まず，"孔夫子搬家"〈孔子さまの引っ越し〉と言う．これは本が多いに違いない．だから"净是书"〈本ばかり〉と続く．この"书"shū と"输"shū とが音通するため，〈負けばかり〉という意味を表す．語呂合わせである．"歇后語"は実際の会話では次のように使われる．

　　甲：中国のサッカーチームはどうだい？

乙：别提了，孔夫子搬家，净是书（＝输）．
　　〈へっ，よしてくれよ，孔子様の引っ越しで，負けばかりさ．〉
ほかにも，同じような駄洒落タイプは多い．
　耗子掉到水缸里——湿毛（＝时髦）
　　〈鼠が水甕の中に落ちた——毛が濡れる＝今風だ〉
"湿毛" shī máo から "时髦" shímáo を引き出している．少し声調が違うぐらいは多めに見るのである．次も同類である．
　电线杆上绑鸡毛——好大的掸子（＝好大的胆子）
　Diànxiàngān shang bǎng jīmáo —— hǎo dà de dǎnzi
　　〈電信柱に鶏の毛をゆわえる——大きなはたきだ＝なんとも大胆な〉
歇后语はいろいろなタイプのものがあるが，このような語呂合わせタイプが最も典型的なものと言えるだろう．

16.3　最近の語呂合わせ

現代中国語の中でよく知られている駄洒落と言えば，"向前看"や"气管炎"だろう．"向前看" xiàng qián kàn は，全く同音の"向钱看" xiàng qián kàn，つまり〈お金の方を向く→お金めあて〉の風潮を表す．他方，"气管炎" qìguǎnyán は本来の意味〈気管支炎〉から"妻管严" qīguǎnyán のことで〈妻の管理が厳しい→恐妻家〉を表す．

新語としては"海归族" hǎiguīzú，"海待族" hǎidàizú などの語もある．"海归族"は〈海外からの帰国組〉の意であるが，同じ音の"海龟" hǎiguī〈ウミガメ〉に掛け，"海待族"〈海外から戻ったがすぐには職がなく待たされている人々〉のほうは"海带" hǎidài〈わかめ〉に掛けている．

16.3.1　"谐音广告"

その昔，文化大革命華やかなりし時代は駄洒落はおろか，ことば遊びも許されないというような雰囲気が中国社会全体を覆っていた．改革開放が叫ばれ，経済の自由化とともに，人々の気持ちもずいぶん解放されたのか，1990年ごろから駄洒落が現れてきた．それがはっきりとした形になったのは"谐音广告" xiéyīn guǎnggào であった．

"谐音"，つまり音が同じである，音が通じることを利用して，「広告，宣伝」するもので，その典型は中国にごまんとある成語を CM に利用するものである．

日本語で例をあげれば「一挙両得」を利用して「一居両得」とする．自宅でアパート経営ができる住宅の宣伝に使えそうである．「千載一遇」は「洗剤」に景品を一つつけて，「洗剤一遇のチャンス」と売り出す，といった趣向である．

　中国の成語を利用すると，たとえば"机不可失"jī bù kě shī は〈好機逸すべからず〉であるが，これが"鸡不可失"jī bù kě shī となると〈鶏を逸すべからず〉という意となり，フライドチキンか照り焼きチキンか，その手の広告に応用できる．音は全く同じで，漢字1字が違うだけである．

　"无微不至"wú wēi bú zhì〈いたらざるところなし〉は，行き届いた接待を受けて感謝するときに言うセリフであるが，これが"无胃不治"wú wèi bú zhì となると，〈治らぬ胃はない〉となり，胃薬のCMに変貌する．

　〈さっぱり世に知られていない〉ことを"默默无闻"mò mò wú wén と言うが，これがまた同音で"默默无蚊"mò mò wú wén と変えると，〈全然蚊がいない〉という意味になり，蚊取りマットの恰好のコピーになる．

　"刻不容缓"kè bù róng huǎn は〈一刻も猶予がならない〉という意の成語であるが，これを"咳不容缓"ké bù róng huǎn とすると〈咳をほおってはおけない〉となる．この咳止めのCMは何度もテレビで流れていたから，本家よりこちらのほうがもう有名かもしれない．

　"其乐无穷"qí lè wú qióng〈その楽しみ極まりなし〉を"骑乐无穷"qí lè wú qióng〈乗る楽しみ極まりなし〉とした語が，バイクや自転車の宣伝に一役買っている．さらに，なんと"棋乐无穷"qí lè wú qióng とするものまで現れた．こんどは"棋"の喜びを謳うわけだから「囲碁や将棋」の宣伝になる．

　本来，四字成語として耳に親しいだけに受け入れやすく，口でも唱えやすい．しかも字をちょっと変えただけでまったく別の情報を伝えるあたり，うまくやるものだと感心させられ，その分，強く印象に残る宣伝になる．

　このような広告が一世を風靡し，どんどん増えてくると当然のように批判が巻き起こった．祖国の言語を冒瀆するものであるとか，小中学生に誤った成語を覚えさせる元凶であるとか，語呂合わせは通俗的であるとかである．海南省では，"不得用谐音篡改成语"〈語呂合わせで成語を改竄してはならない〉という趣旨の法令まで施行されている．なにしろ小学生など，コマーシャルで使われているほうを覚えてしまう．そのうち，学校では次の「新作成語」を正しい形に直しなさい，というような試験をするようになったという．

　　1. 乐在骑中 → <u>乐在其中</u>　　　2. 默默无蚊 → <u>默默无闻</u>

3. 鶏不可失→机不可失　　4. 天下无霜→天下无双

父兄や識者からは"谐音广告亵渎民族文化"〈語呂合わせの広告は民族文化を冒瀆するものだ〉という反対の声が上がる．しかし，いったん火がついた，ことば遊びの感覚はもう止まらない．いったん目覚めた「音の二重性」への関心は，その後，堰を切ったようにさまざまな言語現象となって現れ，その感性が押しつぶされることはなかった．

16.3.2　諺も駆り出される

CMに活用されるのは四字成語ばかりではない．もっと長い諺や俗言などでもこの傾向が現れてきた．

　　有痔不在年高。〈痔になるのは年のせいではない．〉

これは本来"有志不在年高."〈年齢に関係なく，人は志をもつべきだ．〉という諺である．この"志"zhì を同音の"痔"zhì に替え，痔の薬の宣伝に使われる．次もよく知られた俗語である．

　　大事化小，小事化了。Dà shì huà xiǎo, xiǎo shì huà liǎo.
　　〈大事を小事に変え，小事は無いことにしてしまう．〉

この"事"shì を"石"shí に声調を変えるだけで，次のようになる．

　　大"石"化小，小"石"化了。
　　〈大きな石を小さくし，小さな石は無くしてしまう．〉

これは結石を直す薬の宣伝である．

　　三十六計"走"为上。〈三十六計逃げるが一番→「歩く」が一番．〉

この諺は本来"走"は〈逃げる〉という意味だったが，ここでは"走"そのままで現代語として〈歩く〉の意味に解釈し，靴屋の広告になった．

この例のように，字をどこも変えずに，そのままでコピーに利用するというのは成語でも見られる．ただし，以下の""で囲ったところでは，意味解釈に多少のズレが生じている．

　　自討"苦"吃　　zì tǎo kǔ chī　　〈進んで苦いのを飲む〉［薬屋の広告］
　　一"毛"不拔　　yì máo bù bá　　〈1本も毛を抜かない〉　［理髪店の広告］
　　无所不"包"　　wú suǒ bù bāo　　〈なんでも包みます〉　［餃子店の広告］
　　"当"之无愧　　dàng zhī wú kuì　〈質入に何の恥ずかしきことある〉［質屋の広告］

銘酒"汾酒"fēnjiǔ の宣伝文句は"喝酒必汾，汾酒必喝"hē jiǔ bì fēn, fēnjiǔ bì hē であるが，この背後には"合久必分，分久必合"hé jiǔ bì fēn, fēn jiǔ bì hé

〈合すること久しければ必ず分かれ，分かれること久しければ必ず合する〉があることは言を俟たない．

16.3.3 ステッカー文化

中国のステッカー文化も面白い．車の後ろや脇に貼ってある15 cm四方のもので，中国語では"车贴"chētiē という．後ろに貼るのはたいてい「追突注意」とかで，日本にもあるが，中国のものにはユーモアがある（図 16.1）．

　　別追了。本人已婚。
　　　〈追いかけないで，私は既婚者です〉
"追"〈後を追いかける〉という意と〈女性に求愛する〉という意を掛けている．"双关语"というべきだろう．

次の表現は絵も見ないと面白さが実感できない．
　　別这样我怕修（＝怕羞）。
　　　〈そんなふうにしないでよ，修理がイヤ＝はずかしい〉
これは"怕羞"pàxiū〈恥ずかしい〉と"怕修"pà xiū〈修理がイヤ〉を掛けている．そこがわからないと面白くない．

図 16.1

16.3.4 縁起担ぎの語呂合わせ

より日常的なこととしては「縁起担ぎ」がある．"福"の字をわざとひっくり返して貼る．その心は"福到了"fú dào le である．"倒"dào〈ひっくりかえす〉とは，すなわち"到"dào〈到る〉のことで，縁起をかついだ一種の掛け言葉である．日本語でも「めでたい」からお祝の席の魚は鯛が好まれ，また昆布を「よろこぶ」から縁起のよいものとして珍重するのと通じる．

民衆の間で，新年の幸福・豊作などを願い，入口のドアや居間などに貼る年画のモチーフとしてよく使われる"年年有鱼"niánnián yǒu yú〈いつも魚がある→いつも余裕がある〉は"有鱼"yǒuyú と"有余"yǒuyú に掛けている．

春節の時，日本のお餅にあたる"年糕"niángāo を食べるが，これも"年年高"niánnián gāo〈年ごとに高くあれ〉という希望がこめられている．正月にミカンを食べるのも"过年吃桔"guònián chī jú〈年越しにミカンを食べる→いいことがありますように〉で"桔"jú は"吉"jí に通じる．

"蝙蝠" biānfú〈こうもり〉は気味悪い動物であるが，中国では吉祥シンボルとしてよく見かける．"蝙蝠"すなわち"遍福" biànfú〈あまねく福がある〉に音通するためだ．

あやまって食器などを割ってしまった時，すぐに"岁岁平安" suìsuì píng'ān〈毎年平安無事であれ〉という．〈割れる〉の意を表す"碎" suì を繰り返した"碎碎" suìsui を，同音の"岁岁" suìsuì に通じさせて，一瞬にしておめでたいことに転化させるのである．

最近は携帯電話が爆発的に普及したが，電話や車のナンバーでも，8や6の番号が人気である．8は bā で"发" fā に，6は liù で"禄" lù に通じる．"发"とは"发财" fācái〈お金を儲ける〉，"禄"とは「禄」でサラリーのことである．

逆に，縁起でもないと嫌う語呂合わせもある．梨を食べるとき二つに分けてはいけない．特に恋人同士の場合がそうで，"分梨" fēn lí〈梨を分ける〉は"分离" fēnlí〈離ればなれになる〉に通じる．また，人に贈り物をするとき「置き時計」は避ける．"送钟" sòng zhōng〈置き時計を贈る〉が"送终" sòngzhōng（人の死を送る）を連想させるからで，いずれも"谐音"現象である．

16.3.5　数字による語呂合わせ

中国に滞在していたとき，ふと北京のマクドナルド"麦当劳"に入ったことがあった．そのとき，店の電話番号に次のような文句が一緒に印刷されていた．

　　　　我要吃　我要吃
　4008 – 517 – 517

517の数字を普通に読めば wǔ yāo qī である．これを"我要吃" wǒ yào chī と読ませているわけで，これは日本でもよく行う電話番号の読み替えである．近所の歯医者は「8１４８」（ハイシャ）という番号であり，温泉旅館は「１１２６」（イイフロ）という電話番号がほしい．最近は若者のネット用語というのだろうか，中国ではこのような数字で，あるフレーズを表すことが盛んである．

　　520　　　　我爱你　　wǒ ài nǐ
　　25184　　　爱我一辈子　ài wǒ yíbèizi
　　52406　　　我爱死你啦　wǒ àisi nǐ la
　　5201314　　我爱你一生一世　wǒ ài nǐ yìshēng yíshì
　　530　　　　我想你　　wǒ xiǎng nǐ
　　53406　　　我想死你啦　wǒ xiǎngsi nǐ la

16.3 最近の語呂合わせ　　　　　　　　　　　　　　　　　　　　137

775885　　亲亲我抱抱我　qīnqin wǒ bàobao wǒ

2013年には，中国で結婚するカップルが増えた．それは他ならぬ2013年であるからで，これは"爱你一生"と読める．こうなると「語呂合わせ」などとバカにできない．一国の経済活動に大きく関わってくる．

16.3.6　駄洒落クイズ

日本でも次のような「駄洒落」タイプのクイズがある．
「満員電車の上に止まっている鳥は？」「コンドル」
「警察が大嫌いな鳥は？」「サギ」
「餅は餅でも食べられない餅は？」「尻餅」

同じようなクイズが中国にもある．

什么人的手上有六个指？——戴了一个戒指的人。"
　　〈どんな人が指6つある？〉〈一つ指輪をつけている人．〉
哪个连的人最多？——大连。"　　〈どの中隊の人数が一番多い？——大連．〉
什么饼不能吃？——铁饼。"　　　〈どんな餅が食べられないの？——円盤．〉
什么书在书店里买不到？——秘书。"〈どんな本が書店で買えないの？——秘書．〉
什么车寸步难行？——风车。"　　　〈どんな車が一歩も進めないの？——風車．〉

小学生ぐらいの子供が，こういうクイズを家族と楽しんでいる．駄洒落と言えば駄洒落だが，豊富な語彙力がなければ解けない．

また，"谐音"を利用したジョークも多い．

老李有事找小王，就打电话给小王。电话接通后，老李听见了小王熟悉的声音，高兴地问："你是小王吧？"

小王生气地说："你才是王八呢！"

〈李さんが用事で王さんに電話した．通じたあと，李さんは馴染みのある声を聞いて，嬉しそうに尋ねた，「君は王くんだね？」王さんは腹が立って言った，「君こそ馬鹿野郎だ！」〉

これは"你是小王吧？" Nǐ shì xiǎo-Wáng ba? のところがミソで，"你是小王八？" Nǐ shì xiǎo wángba? とほぼ同音である．"王八" wángba は罵り言葉である．もう一つ，紹介しておく．

小李と老劉は，それぞれ別の会社に属していたが，よく電話をし，電話ではよく知っている仲だった．ある日，小李は老劉の会社を訪ねることがあり，ついでに彼に挨拶をしようとした．小李は劉さんに会うや，大声で親しげに言った．

"你就是老刘？忙吗？" Nǐ jiù shì lǎo-Liú? Máng ma?
　〈劉さんですね，忙しいですか〉

これをポーズなしで早口で言ったものだから，"你就是老流氓吗？" Nǐ jiù shì lǎo liúmáng ma?〈君はごろつきですね〉と聞こえたというものである．

"流氓" liúmáng は「不良，ならず者」の意である．

16.4　お わ り に

以上，"谐音"に関わるさまざまな現象を眺めてきたが，これほど言語生活に深く関わりながら，ほとんど言語教育において正面から取り上げられたことがないのではないだろうか．ともかくジョークや名付け，コマーシャル，クイズ，言葉遊びなどに大きく関わりを持つことは明らかである．"谐音"が理解できなければこれらの言語現象を味わえないということになる．　　　　　　［相原　茂］

発展的課題

1. 中国には歇后語という大量の「しゃれ言葉」がある．その中で"谐音"を利用しているものを集め，その構造を説明しなさい．

2. インターネットなどで"谐音笑话"というキーワードで，"谐音"を利用しているジョークを検索し，そのおかしさの「しくみ」を説明しなさい．

■ コラム⑨　　円周率の数字による語呂合わせ (2)

　コラム⑧で取り上げた語呂合わせを日本語に訳すと次のようになる．

　むかしむかし，ある先生がいた．毎日仕事をきちんとせず，ただただ山寺に行って，そこのお坊さんと酒を飲むことだけを楽しみにしていた．山に行く前に生徒に課す宿題は毎回同じで，それは円周率を暗記することであった．初めは，どの生徒も暗記するのにとても苦労したが，そのうち，ある賢い生徒に突如妙案が浮かんだ．円周率と目の前の状況（先生が寺へ行って酒を飲むこと）とをつなげて，次のような韻文を作ったのであった．「山頂に，一つの寺と一壺の酒がある。先生は酒を飲みに行って楽しそう。しかし，僕らは苦しすぎる。酒を飲ませ，酒で貴方を殺したい。殺せないから，（先生は）楽しいままだ。」先生が戻ってきて，宿題の円周率を答えさせると，みんな流暢に暗誦できていた．　　　　［蘇　紅］

17 漢字

17.1 日中における漢字の出現度数

　中国語の表記には，洋数字・ローマ字・記号類も用いられるが，基本的には漢字が使われる．『中華字海』(1994) には 8 万 5568 字が収録されているというが，異体字も数多く含められており，一般的理解としては『康熙字典』の 4 万 7035 字が一つの目安になろう．異体字を排除するためには，字種という概念を導入する必要があるが，現代社会で実際に使用される漢字の数はどれほどであろうか．『2012 年　中国语言生活状况报告』（商務印書館）によると，新聞・テレビ・インターネット新聞における使用文字数は次のように報告されている．

　　　新聞　9782 字　　　テレビ　7016 字　　インターネット新聞　8225 字

　中国では，1988 年に「现代汉语常用字表」（国家语言文字工作委员会・国家教育委员会）が漢字の基礎教育に必要な漢字として発布され，常用字 2500 字，次常用字 1000 字が示され，1989 年にはこの 3500 字を含む 7000 字の「现代汉语通用字表」が情報化時代に即して発布された．2013 年 8 月には，前述の「现代汉语常用字表」3500 字を 1 級，使用頻度が 1 級に次ぐ 3000 字を 2 級（出版や情報処理などに必要な範囲），人名・地名，科学技術関係用語などに用いる 1605 字を 3 級として，計 8105 字が「通用规范汉字表」（教育部・国家语言文字工作委员会）として策定された．漢字制限を目指すものではないが，上に記した実際の漢字使用数から見ても，「通用规范汉字表」の示す，情報処理には 6500 字，文化・学術上では 8100 余字が必要最低限の数ということになろう．

　他方，日本語では，一般の社会生活における漢字使用には制限が行われている．現行のものは 2010 年に告示された「常用漢字表」2136 字である．漢字使用の制限は 1946 年の「当用漢字表」に始まり，「当用漢字字体表」に示された，いわゆる新字体とともに，社会に定着してきた．学術・芸術の方面，また，個人的な使用などにおいてまで制限しようとするものではないものの，現代社会における標準的な漢字使用となっている．このような現状のもとで，現代日本における漢字使用数の一つの目安として，比較的最近のものでは『漢字出現頻度数調査 (3)』（文

化庁，2007）が8576字という数を示している．これは，2004～2006年に凸版印刷が作成した，辞書・古典類，単行本，週刊誌，月刊誌，教科書の864冊を対象した組み版データの結果報告である．ただ，この中には簡体字や異体字などが含まれているため，日本語表記の標準的な数値を反映しているとは言えない．そこで，月刊誌の『文藝春秋』『群像』の個別調査の結果を記すと，以下のとおりである．

　　『文藝春秋』　3965字　　　『群像』　3923字

また，新聞の調査では，『漢字出現頻度数調査（新聞）』（文化庁，2007）によると，次のように報告されている（2006年10～11月の朝刊と夕刊）．

　　朝日新聞　3900字　　　読売新聞　3787字

旧字体なども含まれているものの，これらの数値は実際的なものと見てよかろう．このように，月刊誌や新聞の調査によると，現代日本における使用字種数は3800～4000字の幅にほぼ収まり，中国語のおよそ半分ということになる．

17.2　日中における漢字のカバー率

では，実際どれほどの漢字を知っていると，効率よく中国語もしくは日本語を読み進めることができるのであろうか．それには，統計的な調査に基づく，漢字の出現度数とその全体に占める割合をいう「カバー率」を見るのがわかりやすい．岡崎（1938）は，「カナモジカイ」の漢字500字制限案の調査報告であるが，1935年度の新聞5紙から合計60日分の新聞を抽出し，社会面・政治面に用いられたカバー率を次のように報告している（ただし，訓読みの漢字を除く）．

表17.1　日本語新聞のカバー率

		1935年新聞5紙	2006年朝日新聞	2006年読売新聞
上位	100字まで	38.7%	36.835%	37.002%
	300字まで	64.1%	63.864%	64.332%
	500字まで	77.3%	77.684%	78.043%
	1000字まで	91.7%	93.171%	93.453%
	2000字まで	98.2%	99.538%	99.570%
	3500字まで	99.99%	99.989%	99.991%

ちなみに，前述の『漢字出現頻度数調査（新聞）』によって，そのカバー率の数値を右に付記しておいた．1933年の時点では新聞において「常用漢字音列表」2490字の漢字制限が実行されており，他方，たとえば朝日新聞では2001年にお

いては2011字の使用を基本としているから，条件的には使用範囲の漢字数に違いがある．しかし，その使用傾向はあまり変わっておらず，3500字までのカバー率はほぼ等しい．ただ，2000字までのカバー率が少し向上しているのは，当用漢字表（1850字）の実施を経て，使用頻度の低かった漢字が，使用頻度のより高い漢字に言い換えられ，書き換えられたことなどによるものと見られる．

次に，カバー率の側から，切りのいい数字で見ていくことにしよう．

表 17.2　カバー率から見た異なり字数（累積字数）

	2006年朝日新聞	2006年読売新聞	中国語（2006年度）
80%	上位から 547字	538字	598字
90%	842字	828字	1011字
95%	1126字	1109字	1467字
96%	1214字	1198字	1622字
97%	1325字	1310字	1825字
98%	1472字	1461字	2113字
99%	1725字	1705字	2634字

これを中国語と比較するために，インターネット新聞についての同じような調査がある『2006年　中国语言生活状况报告』の数値を右に示しておいた．漢字だけを用いる中国語と，平仮名・片仮名（合わせて100字弱）も交える日本語では事情が少し異なるが，80％のカバー率ではあまり変わりがない．しかし，カバー率が上がるごとに中国語の漢字数は一段と伸び続け，99％をカバーするためには実に日本語の約1.5倍を必要とすることとなっている．

ただ，カバー率の漢字数だけでは論じられないところがあって，日本語における文字上の負担の方が実際には重いと見なければならない．それは，漢字の読み方については，現代中国語の漢字の発音は一つであることが多く，時に意味の違いに応じて異なる二つの読み方を持つのに対して（これとは別に声調の異なる字もある），日本語では基本的に漢字に音と訓，音も二つある場合が少なくなく，訓も複数，多いのでは「生」の「うまれる・いきる・いかす」など10に及ぶものもある．つまり，単に字の数だけではなく，それぞれの読み方が多種にわたる場合が多くあり，この分を割り引くと，漢字を用いるという面でいえば，日本語は中国語よりも負担が少ないとは決して言えない．

17.3 新字体と簡体字

17.3.1 新　字　体

　当用漢字表によって，いわゆる新体字が社会一般に使われるようになった．その字体については「当用漢字字体表」備考2で次の3種があると記されている．
　(1) 活字に従来用いられた形をそのまま用いたもの
　(2) 活字として従来二種以上の形のあった中から一を採ったもの
　(3) 従来活字としては普通に用いられていなかったもの
そして，(2) の例として次の字をあげている．
　　　効　叙　姉　略　島　冊　商　編　船　満
さらに，(3) の例は，次の8つに分類して示されている．
　① 点画の方向の変った例
　　　　半　兼　妥　羽
　② 画の長さの変った例
　　　　告　契　急
　③ 同じ系統の字で，又は類似の形で，小異の統一された例
　　　　拝招　全今　抜友　月期朝青胃　起記
　④ 一点一画が増減し，又は画が併合したり分離したりした例
　　　　者　黄　郎　歩　成　黒　免
　⑤ 全体として書きやすくなった例
　　　　亜　倹　児　昼
　⑥ 組立の変った例
　　　　黙　勲
　⑦ 部分的に省略された例
　　　　応　芸　県　畳
　⑧ 部分的に別の形に変った例
　　　　広　転

　その由来から見ると，「当用漢字字体表」には，中国での通用字がかなり反映されている（付表1, p.147参照）．他方，独自の字体を採用したものも少なくない．たとえば，「円（圓）」「図（圖）」「団（團）」「弐（貳）」「広（廣）」「芸（藝）」などは日本独自の簡略字である．要するに，書きやすくする目的で新たに簡略化が試みられたのであるが，それらは大きく次の3つに分けられよう．

(1) 一点，または一線を省略したもの
　　　［例］臭（臭）　戻（戻）　涙（涙）　隆（隆）　者（者）
(2) 部分を簡略化したもの（以下，その代表的なパターンを示す）
　　① 「覺→覚」の事例により「ツ」とした
　　　　［例］学（學）・挙（擧）　　［類例：労（勞）・栄（榮）・蛍（螢）］
　　② 「口」二つの簡略化「ソ」を「ツ」にした
　　　　［例］単（單）　戦（戰）　弾（彈）　禅（禪）　獣（獸）　厳（嚴）
　　③ 「睪」を「尺」に，「弗」を「ム」に簡略化した
　　　　［例］択（擇）　沢（澤）　駅（驛）　釈（釋）　；　仏（佛）　払（拂）
(3) 中国の俗字によく似た字があったのに少し手を加えたもの
　　　［例］価（價）　発（發）　総（總）　縄（繩）　拝（拜）　気（氣）　伝（傳）

17.3.2　簡　体　字

　簡体字の提唱は 1909 年に陸費逵が「普通教育応答采用俗体字」〈普通教育に俗字を採用すべし〉（『教育雑誌』創刊号）という論文を発表したことに始まると言われている．その後，1955 年に中国文字改革委員会が「汉字简化法案草案」を発表し，翌 1956 年に「汉字简化法案」を正式に公布し，515 字の簡体字と，54 の簡易化した偏旁を示した．1964 年には『简化字总表』(第 2 版) が出版されたが，そこには，簡体字から類推されてできたものを含めて簡略字 2238 字が示されている．このような，中国における簡体字の構成については，周有光 (1961（橘田訳, 1985)) に次のようにまとめられている（参考までに，日本の新字体が簡体字・繁体字のいずれとも異なる場合【　】内に記する）．

［I］来歴・変遷から見た分類
A．由来が古字にあるもの
　① 他の要素が加わる以前の字　　　　　［例］从（從）【従】　电（電）
　② 繁体字と古くから併用されてきた字　［例］礼（禮）　尔（爾）
　③ 古くに通用していた字　　　　　　　［例］后（後）　才（纔）
B．由来が俗字にあるもの
　① 民間ですでに久しく通用していた伝統的な字　［例］体（體）　声（聲）
C．草書体の楷書化　［例］书（書）　为（爲）【為】　车（車）
D．造字
　① 日中戦争中に解放区で用いられた簡略字（解放字）［例］拥（擁）　护（護）

② 新たに作った字　［例］灭（滅）　丛（叢）

次に，字の形からその簡略化の方法を分類すると，次のようになる．

[Ⅱ] 字の形による分類

A. 繁体字の一部を残して省略する（省略）
　① 半分を省く　　　　　［例］录（錄）　号（號）　云（雲）　丽（麗）
　② 二つの部分を省く　　［例］里（裏）　术（術）　复（覆）　声（聲）
　③ 一つのすみを省く　　［例］际（際）　阳（陽）　垦（墾）　妇（婦）
　④ 内か外を省く　　　　［例］开（開）　奋（奮）
　⑤ その他　　　　　　　［例］丰（豐）【豊】　汇（匯）　齿（齒）【歯】

B. 繁体字の一部あるいは全部の形を変える（変形）
　① 形声字を変える
　　　・義符（意符）を変える　　［例］刮（颳）
　　　・音符（声符）を変える　　［例］洁（潔）
　　　・義符・音符ともに変える　［例］惊（驚）
　② 会意字を変える　［例］体（體）　灶（竈）　尘（塵）
　③ 輪郭を残す，または，象徴符号を使う
　　　・全体の輪郭を残す　［例］齐（齊）【斉】　尔（爾）
　　　・部分の輪郭を残す　［例］变（變）【変】　弥（彌）【弥】
　　　　　　　　　　　　　　　　当（當）【当】　报（報）　团（團）【団】
　　　・象徴符号を使う
　　　　［例］「丶」办（辨）【弁】　协（協）
　　　　　　　「乂」区（區）　赵（趙）
　　　　　　　「又」汉（漢）【漢】　劝（歡）【勧】　仅（僅）　对（對）【対】
　　　　　　　　　　鸡（鶏）【鶏】　戏（戲）【戯】　邓（鄧）　树（樹）
　　　　　　　「リ」师（師）　归（歸）【帰】
　　　　　　　「ツ」学（學）【学】　誉（譽）【誉】　兴（興）
　　　・かさねる符号に変える
　　　　［例］「ヽ」枣（棗）
　　　　　　　「又」轰（轟）　摄（攝）【摂】

C. 字画の簡単な字を同じ，あるいは異なる音の繁体字の代わりに使う（代替）
　　［例］几（幾）　只（祇・隻）

以上のようにおおよそ分類することができるが，[Ⅱ] のような字の形による

分類には，もとより複数にまたがる場合もある．
　［例］显（顯）【顕】《半分を省くとともに，部分の輪郭を残した》
　　　　忧（憂）　　《「尤」で代替するとともに，異体の義符に変えた》

　簡体字は新たに作られたものもあるが，多くは民間で古くから簡易な字体が用いられてきたものが採用されている．劉・李（1930）は宋・元・明・清それぞれの時代に刊行された版本に見られる俗字を詳しく調査したものであるが，これを見ると，現代日本で用いられる新字体とともに，現代中国で用いられる簡体字に相当するものが数多く見られる（付表 2，p. 148 参照）．すなわち，簡体字の多くが伝統的に用いられてきた字体を採用したものであったことがわかる．したがって，日本において簡略化字体として用いられる新字体とは全く別に実施されたのではあるが，いずれも民間で久しく用いられていた俗用字に基づく場合も多いことから，「慎」（愼），「帯」（帶），「尽」（盡）などのように，結果的に，簡易化された字体が簡体字と新字体とで共通するものもある．しかし，その一方で，別個に実施された字形簡易化の施策であるから，本来は別個の相異なる漢字が同一の字形として用いられている場合もまま見られる．日中で新たに「同形衝突」を起こしている代表的な字を次にあげておく．

表 17.3　代表的な日中同形衝突

日本語での意味	現代中国語
机 〈つくえ〉	「機」の簡体字
叶 〈かなう〉	「葉」の簡体字
云 〈いう〉	「雲」の簡体字
斗 〈と〉	「鬪」の簡体字

　また，本来の字義とともに，《 》で示した字の簡体字としても用いられているものもある．
　　干《幹》　　了《瞭》　　里《裏》　　舎《捨》　　郁《鬱》
　　谷《穀》　　周《週》　　面《麺》　　曲《麹》

　偏旁冠脚において簡体字が草書風であることによるものに，たとえば次のようなものがある．
　　糸→纟　言→讠　金→钅　食→饣　馬→马　魚→鱼　車→车　見→见

　また，筆画のはね，線の交差，書き出しの位置，点の有無など，わずかな部分的な差異でしかないものも少なくない．

[正　字]	彌	處	與	寫	邊	實	對	變	淺	廳	直	減
[新字体]	弥	処	与	写	辺	実	対	変	浅	庁	直	減
[簡体字]	弥	処	与	写	边	实	对	变	浅	厅	直	减

17.3.3　漢字文化圏における漢字の将来

　本来，漢字は国家を越えて漢字文化圏に長らく共用されてきた文字体系であった．しかし，近代以降文字施策として中国と日本がともに追求してきた字形の簡略化を，第二次世界大戦後に国家的事業として別個に実施したことによって，その字形にずれが生じてしまったのである．小篆から今日に至る漢字の歴史から見て，簡易な文字が通用することはいつの時代においても普遍的な現象であった．このような差異を国や言語の違いとして今後そのままにしておくか，漢字文化圏として日中が共同で漢字の簡易化について統一を図っていくか，はたまた，文字修得に負担の大きい漢字を廃止することになっていくのか，漢字の将来は日中それぞれの大きな文化的課題と言える．　　　　　　　　　　　　　　　［沖森卓也］

【補注】
　以下の付表1・2には，宋・元・明・清，それぞれの時代の版本に新字体，または簡体字が使用されている場合には「○」を付し，最下段にはその正字（繁体字）を示した．

発展的課題

1.　正字を日本語の新字体に作り替えたパターンについて考えてみよう．

2.　正字を簡体字に作り替えたパターンについて調べてみよう．

【参考文献】
岡崎常太郎（1938）『漢字制限の基本的研究』松邑三松堂．
周有光著（1961），橘田広国訳（1985）『漢字改革概論』　日本のローマ字社．
劉復・李家瑞（1930）『宋元以来俗字譜』国立中央研究院歴史語言研究所（杉本つとむ『異体字研究資料集成　二期八巻』（1995）雄山閣出版に所収）．

《付表1》新字体の源流（『宋元以来俗字譜』によって使用された時代を示した）

	亜	医	画	会	懐	覚	楽	勧	帰	戯	旧	拠	継	献	県	号	済	砕
宋		○	○	○		○		○		○		○	○	○	○	○	○	○
元	○		○	○		○	○	○	○	○	○	○	○		○	○	○	○
明	○	○	○	○		○	○	○		○	○	○		○	○	○	○	○
清																		
	亞	醫	畫	會	懷	覺	樂	勸	歸	戲	舊	據	繼	獻	縣	號	濟	碎

	蚕	賛	残	歯	児	辞	寿	処	称	庄	条	譲	尽	声	窃	節	浅	争
宋	○	○	○	○	○	○	○	○	○	○	○	○	○	○		○	○	○
元	○	○	○	○	○	○	○	○	○	○	○	○	○	○	○	○	○	○
明															○			
清	○	○	○	○	○	○	○	○	○	○	○	○	○	○		○	○	○
	蠶	贊	殘	齒	兒	辭	壽	處	稱	莊	條	讓	盡	聲	竊	節	淺	爭

	挿	巣	双	属	体	台	担	胆	断	遅	昼	虫	庁	鉄	点	党	灯	当
宋	○	○	○	○	○										○			○
元			○	○											○			
明		○	○	○					○				○					
清		○																
	插	巢	雙	屬	體	臺	擔	膽	斷	遲	晝	蟲	廳	鐵	點	黨	燈	當

	稲	独	変	豊	宝	万	薬	余	来	乱	竜	両	緑	礼	励	恋	炉	楼
宋		○	○	○	○	○	○	○	○		○	○	○	○	○	○	○	○
元	○	○	○	○	○	○	○	○	○		○		○		○	○	○	○
明		○	○	○	○	○	○	○	○									
清	○	○	○	○	○	○	○	○	○									
	稻	獨	變	豐	寶	萬	藥	餘	來	亂	龍	兩	綠	禮	勵	戀	爐	樓

《付表2》簡体字の源流（『宋元以来俗字譜』によって使用された時代を示した）

	爱	为	阴	云	荣	园	远	应	过	坏	怀	环	观	还	几	归	弃	机
宋	○		○	○	○	○	○	○					○	○		○	○	○
元		○		○				○					○					○
明			○	○	○			○					○	○			○	○
清		○		○	○								○				○	○
	愛	爲	陰	雲	榮	園	遠	應	過	壞	懷	環	觀	還	幾	歸	棄	機

	义	经	县	个	后	刚	谷	斋	济	杀	师	时	实	执	这	众	从	亲
宋	○		○	○	○		○		○		○				○			○
元	○	○		○			○				○				○			
明			○	○							○							
清	○		○								○							○
	義	經	縣	個	後	剛	穀	齋	濟	殺	師	時	實	執	這	衆	從	親

	虽	圣	节	战	荐	迁	仑	则	它	浊	夺	对	听	难	热	笔	庙	宾
宋			○		○		○	○		○		○	○		○			○
元	○				○													
明		○			○													
清	○	○	○	○		○		○						○			○	○
	雖	聖	節	戰	薦	遷	倉	則	他	濁	奪	對	聽	難	熱	筆	廟	賓

	妇	奋	边	办	报	务	梦	门	犹	与	阳	养	罗	里	刘	临	泪	劳
宋			○	○	○			○	○	○	○	○	○	○	○			○
元			○	○	○													
明				○														
清	○	○	○	○	○	○	○	○	○	○	○	○	○	○	○	○	○	○
	婦	奮	邊	辨	報	務	夢	門	猶	與	陽	養	羅	裏	劉	臨	涙	勞

日本語索引

ア行

アスペクト 14, 46
アスペクト助詞 11, 46, 83

位数詞 30
一人称 2
イディオム 122
移動 14
意味 95
因果関係 85

ヴォイス 54
受け手 54
受身 4
　　持ち主の―― 56

影響 56
縁起担ぎ 135

オノマトペ 114
恩恵 60

カ行

諧音 133
介詞 54
概数詞 30
蓋然性モダリティ 66
解放字 143
格関係 9
格助詞 9
格変化 11
重ね型 11, 123
　　形容詞の―― 12
　　数量詞の―― 36
　　動詞の―― 13
活用 11
仮定関係（共起） 85
可能性モダリティ 67
可能補語 24
カバー率 141

漢語 103
漢字 139
漢字出現頻度調査 140
間接受動態 56
簡体字 143
感嘆文 22
願望的モダリティ 67
慣用句 122

擬音語 114
聞き手 631
擬声語 114
擬態語 114
義務的モダリティ 68
逆接関係（共起） 85
共起 79
共通関係 100
許容的モダリティ 68

敬語 3, 87
系数詞 29
形容詞 11, 80
　　――の重ね型 12
結果 17
結果補語 15, 52
言語行為動詞 69
兼語構造 58
現場指示 5

康熙字典 139
構文の手段による敬語表現 93
呼応関係 83
語気助詞 47
語義の意味 95, 96
語気副詞 27
故事成語 123
コト的表現 17
ことわざ(諺) 125, 134
語呂合わせ 132

サ行

三人称 2

使役表現 58
時間副詞 26
時刻 34
指示代名詞 6
時制 45
師弟関係による呼称 89
視点 59, 60
自動詞 13, 57
自発 61
借用動量詞 35, 80
修飾フレーズ 38
受益 60
主観的表現 63
主語 38
授受 3, 14
主従関係（共起） 85
主述フレーズ 38
主述文 43
授受表現 59
述語 11, 38
受動表現 54
条件関係（共起） 85
状態形容詞 12, 121
状態動詞 14
情報の共有 4
譲歩関係（共起） 86
常用漢字音列表 140
常用漢字表 139
省略 3
序数詞 32
助数詞 32
助動詞 13
職階による呼称 89
序列関係（共起） 84
時量 34
新漢語 103
新字体 142

親戚語彙　109
親族語彙　105
親族呼称　87, 110
親族名称　110

遂行的モダリティ　69
数詞　29
数量詞　27, 79
　　——の重ね型　36
ステッカー文化　135

性質形容詞　12
接頭辞　92
接尾辞　92
先行文脈　4
選択関係（共起）　84
専用敬語　93
専用動量詞　35, 80

相　46

タ行

態　54
待遇的意味　95
第三者の受身　56
対事的モダリティ　63, 65
対人的モダリティ　64, 68
代名詞　1
駄洒落　137
他動詞　13
他動性　58
断定のモダリティ　65

中華字界　139
直接受動態　54

程度副詞　11, 21
　　絶対的な——　21
　　相対的な——　21
テンス　45

当為的モダリティ　67

等価的関係　96
動作　9, 16
動作主　54
動作動詞　14
動詞　11, 80, 91
　　——の重ね型　13
動補フレーズ　38
動目フレーズ　38
当用漢字字体表　139
当用漢字表　139, 142
動量詞　32, 35, 80
度量衡詞　33

ナ行

日中同形語　95
二人称　2
認識的モダリティ　65
人称制限　3, 16, 60
人称代名詞　1, 90

能動態　54
能願動詞　23

ハ行

背景　49
倍数　31
話し手　63
範囲副詞　24

比較文　71
非疑問用法　7
非述文　43
評価副詞　27
表現的モダリティ　69
頻度　3

複合動詞　19
副詞　72
フレーズ　38
文化的意味　96
文体的意味　95
文法成文　38

文法的意味　95
文脈指示　5
並立関係（共起）　84
並列関係（共起）　84
並列フレーズ　38
変化動詞　14

包含関係　97
方向補語　15, 51
補語　11, 19, 119

マ行

身分名称　89

命題　63
名詞　79
名量詞　32

目的語　11
モダリティ　63, 83
持ち主の受身　56
モノ的表現　17

ヤ行

有界　47

様態補語　57
四字熟語　126

ラ行

利益　60
量詞　32, 79
臨時量詞　34
隣接的関係　100

累加関係　85

連述フレーズ　39
連体修飾語　2, 12, 119
連用修飾語　12, 119

中国語索引

A

阿姨　88, 112
爱人　90

B

把　61
拜　92
拜见　91
煲义　124
被　54
被动式（被动句）　54
比　72
贬义　124
表　108
并　76, 84
不比　74
不如　721

C

才　26
曾～过　83
超常搭配　61, 83
成语　123
词语搭配　79
词组　38
催　59

D

搭配　79
大　92
代词　1
诞辰　90
的　2, 4, 12, 22
地　12
都　25, 83
短语　38

对不起　88

E

二　31

F

非主谓句　43
奉　92
夫人　90

G

高　92
高校　95
个　36, 92
给　54
给我　60
跟　71
过　50
惯用语　122
光　92
贵　92
过　14, 84

H

汉字简化法案　143
好不好　93
好吗　93
很　22, 84
惠　92

J

叫　54
接见　91
敬辞　87
句　38

K

可能的话　93
客套话　93
快要～了　52

L

来着　52
劳驾　88
老　90
老人家　90
老师　89
了　14, 46, 48, 84
连语　38
两　31

M

妈妈　112
没有　74
美女　113
命令　59
模声词　114

N

呢　52
能不能　93
能愿动词　64
年纪　91
年令　91
您　87, 90

P

爸爸　111
普通教育应当采用俗体字　143

Q

起来　51
谦辞　87
亲上加亲　108
情态动词　64
情态副词　64
请　59, 87, 91, 93
劝　59

R

让　54, 93
人称代词　2
日语借词　95

S

赏　92
生日　90
师傅　89
师哥　113
实词　21
使　93
使动式（使动句）　58
是不是　93
逝世　91
寿辰　90
似声词　114

岁数　91

T

太　22, 74
堂　108
挺　22
通用规范汉字表　139
同志　90
托　59

W

完　52
位　92
我觉得好像　93
我想　93

X

下去　51
现代汉语常用字表　139
现代汉语通用字表　139
像　71
象声词　114
小　92
歇后语　128, 131
谐声广告　132
虚词　21

Y

雅　92
谚语　126
要　59
一　36, 80
疑问代词　7
已经〜了　83
有　72
有点儿　23, 72
语气副词　64
语气助词　64
越〜越〜　72

Z

在　48
着　14, 48
真　22, 74
指示代词　4
中国语言生活状况报告　139, 141
主谓句　43
壮语　21
拙　92
歇后语　128, 131
最　72
尊　92
尊辞　87

編著者略歴

沖森卓也（おきもりたくや）

1952年　三重県に生まれる
1977年　東京大学大学院人文科学研究科
　　　　国語国文学専門課程修士課程修了
現　在　立教大学文学部教授
　　　　博士（文学）

蘇　紅（そこう）

1966年　中国河南省に生まれる
2000年　立教大学大学院文学研究科
　　　　博士後期課程修了
現　在　國學院大學文学部講師
　　　　博士（文学）

日本語ライブラリー
中国語と日本語　　　　　　　　定価はカバーに表示

2014年5月25日　初版第1刷
2024年7月25日　第7刷

編著者	沖森卓也
	蘇　紅
発行者	朝倉誠造
発行所	株式会社 朝倉書店

東京都新宿区新小川町6-29
郵便番号　162-8707
電　話　03(3260)0141
FAX　03(3260)0180
https://www.asakura.co.jp

〈検印省略〉

© 2014 〈無断複写・転載を禁ず〉　印刷・製本　デジタルパブリッシングサービス

ISBN 978-4-254-51611-1　C 3381　　　　Printed in Japan

JCOPY ＜出版者著作権管理機構　委託出版物＞

本書の無断複写は著作権法上での例外を除き禁じられています。複写される場合は、
そのつど事前に、出版者著作権管理機構（電話 03-5244-5088, FAX 03-5244-5089,
e-mail: info@jcopy.or.jp）の許諾を得てください。

好評の事典・辞典・ハンドブック

脳科学大事典	甘利俊一ほか 編	B5判 1032頁
視覚情報処理ハンドブック	日本視覚学会 編	B5判 676頁
形の科学百科事典	形の科学会 編	B5判 916頁
紙の文化事典	尾鍋史彦ほか 編	A5判 592頁
科学大博物館	橋本毅彦ほか 監訳	A5判 852頁
人間の許容限界事典	山崎昌廣ほか 編	B5判 1032頁
法則の辞典	山崎 昶 編著	A5判 504頁
オックスフォード科学辞典	山崎 昶 訳	B5判 936頁
カラー図説 理科の辞典	山崎 昶 編訳	A4変判 260頁
デザイン事典	日本デザイン学会 編	B5判 756頁
文化財科学の事典	馬淵久夫ほか 編	A5判 536頁
感情と思考の科学事典	北村英哉ほか 編	A5判 484頁
祭り・芸能・行事大辞典	小島美子ほか 監修	B5判 2228頁
言語の事典	中島平三 編	B5判 760頁
王朝文化辞典	山口明穂ほか 編	B5判 616頁
計量国語学事典	計量国語学会 編	A5判 448頁
現代心理学［理論］事典	中島義明 編	A5判 836頁
心理学総合事典	佐藤達也ほか 編	B5判 792頁
郷土史大辞典	歴史学会 編	B5判 1972頁
日本古代史事典	阿部 猛 編	A5判 768頁
日本中世史事典	阿部 猛ほか 編	A5判 920頁

価格・概要等は小社ホームページをご覧ください．